노래로 배우는
일본어 I

문 예 림

노래로 배우는 일본어 I

초판 2쇄 인쇄 2010년 1월 10일 / 초판 2쇄 발행 2010년 1월 15일 / 저자 최효선
발행인 서덕일 / 발행처 도서출판 문예림 / 출판등록 1962년 7월 12일 제 2-110호
주소 서울 광진구 군자동 1-13호 문예하우스 101호 / 전화 02-499-1281~2 팩스 02-499-
1283 / http://www.bookmoon.co.kr / E-mail:book1281@hanmail.net

ISBN 89-7482-179-6(03730)

◑ 일본어 발음표 ◑

あ 아	い 이	う 우 으	え 에	お 오
か 가 카	き 기 키	く 구 크 그 크	け 게 케	こ 고 코
さ 사	し 시	す 수 스	せ 세	そ 소
た 다 타	ち 치	つ 츠	て 테	と 토
な 나	に 니	ぬ 누 느	ね 네	の 노
は 하	ひ 히	ふ 후 흐	へ 헤	ほ 호
ま 마	み 미	む 무 므	め 메	も 모
や 야		ゆ 유		よ 요
ら 라	り 리	る 루 르	れ 레	ろ 로
わ 와	ん 응			

● 히라가나 · 가타카나 대조표 ●

あ	ア	い	イ	う	ウ	え	エ	ぉ	オ
か	カ	き	キ	く	ク	け	ケ	こ	コ
さ	サ	し	シ	す	ス	せ	セ	そ	ソ
た	タ	ち	チ	つ	ツ	て	テ	と	ト
な	ナ	に	ニ	ぬ	ヌ	ね	ネ	の	ノ
は	ハ	ひ	ヒ	ふ	フ	へ	ヘ	ほ	ホ
ま	マ	み	ミ	む	ム	め	メ	も	モ
や	ヤ			ゆ	ユ			よ	ヨ
ら	ラ	り	リ	る	ル	れ	レ	ろ	ロ
わ	ワ								
ん	ン								

최근 이웃나라 일본과 민간 차원에서의 교류가 활발히 진행되고 있습니다. 그 결과 일본의 수퍼마켓에서 김치를 팔고 있는 것은 보통이며 신라면, 맛 김의 인기는 정착화 되었다고 볼 수 있습니다.

외식 문화에서는 김치 볶음을 〈부타 기무치〉로, 불고기는 〈야키니쿠〉, 갈비는 〈카르비〉, 나물은 〈나무르〉, 육회는 그대로 〈육회〉로서 정착되어 있습니다.

또한 일본 전역의 대학에서 한국어 강좌는 날로 인기를 더 하고 있으며 초등학교 음악 교과서에는 〈아리랑〉이 실려 있고 사회 과목에서는 〈한국을 알자〉는 타이틀로 한국에 관한 풍물을 학생들에게 들려주고 있습니다.

대중 가요 부문 역시 계 은숙이 중견 가수로서 이미 자리를 굳히고 있으며, 조 용필, 김 연자 등의 노래가 꾸준한 인기를 얻고 있습니다. 특히 조 용필의 〈돌아와요 부산항에〉는 일본인들이 좋아하는 곡 중의 하나입니다.

이러한 추세 속에서 우리 역시 일본을 효과적으로 알자는 차원에서 꾸며 신 것이 바로 이 텍스트입니다. 특히 노래를 통하여 일본의 문화를 접하며 그로 인하여 언어를 습득하는 것을 주목적으로 하였습니다.

쟝르로서는 동요·창가가 중심으로 그 외에 민요 1곡과 포크송 5곡, 만화 영화 주제곡 1곡으로 전부 37곡이 취급되어 있습니다.

내용은 악보, 가사, 번역, 단어·어휘·문법, 해설의 다섯 부문으로 구성되어 있습니다.

가사란에서는 먼저 일본어로 쓴 후 그 발음을 한글로 표기하였습니다. 그리고 가사의 의미를 번역란에 번역해 놓았습니다. 이 텍스트가 언어 학습을 위한 것이라는 점을 감안해 어디까지나 〈직역〉을 하도록 노력하였습니다만 직역으로는 의미가 통하지 않을 경우엔 직역에 가까운 〈의역〉을 하였습니다. 따라서 詩적으로는 아름답지 않은 결과가 되어 있을 경우도 있으나 그런 점은 일본어에 능숙해 진 후의 여러분에게 맡기겠습니다.

단어·어휘·문법란에서는 먼저 한자가 섞인 일본어일 경우는 히라가나와 발음을, 히라가나 인 경우는 한자와 발음을, 가타카나 인 경우는 히라가나와 발음을 각각 괄호 안에 명기하였습니다. 그리고 한자로 표기하지 않아도 될 경우에는 생략하였습니다.

문법 설명에 있어서 〈 。〉로 끝나는 한글 표기는 일본어 발음의 한글 표기를 뜻합니다.

그리고 설명 속에 자주 나오는 연용형이란 용언에 접속되는 활용형을 의미하며, 연체형이란 체언에 계속되는 활용형을 의미합니다.

해설란에서는 노래에 관한 에피소드를 적어 넣었습니다. 부족한 점이 많이 있을 줄로 압니다만 더욱 알고 싶은 사항이 있으시면 그야말로 여러분들 스스로가 알아보아 주십시오. 일본에 대한 선호의 관심이 양국 문화 교류의 발판이 된다는 사실을 인식하시고.

이 곳에서 다룬 37곡 이 외에도 아름답고 수준 높은 동요·창가 등은 물론 많이 있습니다만 한꺼번에 전부를 소개해 드리지 못하는 점 사과 드립니다.

이 책에 소개된 노래들의 대부분은 隱遁 学者이신 中島 比 先生님의 추천과 지도에 의한 것입니다. 지면을 통해서 나마 깊은 감사의 말씀을 전하고자 합니다.

끝으로 이 책의 출판을 권해 주신 문예림의 서 덕일 사장님과 스탭 여러분들께도 감사 드립니다.

2001년

필 자

● 차 례 ●

1. 赤とんぼ(고추 잠자리) --- 9

2. さくら さくら(벚꽃) --- 14

3. 春の小川(봄의 시냇가) --- 19

4. 早春賦(초봄의 노래) --- 24

5. 四季の歌(사계절의 노래) --- 30

6. 夏の思いで(여름날의 추억) --- 36

7. この道(이 길) --- 43

8. 小さい秋みつけた(작은 가을 찾아냈다) --- 49

9. おさななじみ(소꿉 친구) --- 58

10. バラがさいた(장미가 피었다) --- 73

11. 幸せなら手をたたこう(행복하면 손뼉을 치자) --- 81

12. おぼろ月夜(몽롱한 달밤) --- 86

13. あおげば尊し(우러러보면 존경스러운) --- 91

14. うみ(바다) --- 98

15. 故郷(고향) --- 103

16. わか葉(새싹) --- 109

17. からたちの花(탱자 꽃) --- 113

18. こいのぼり(고이 노보리) --- 119

19. 冬景色(겨울 풍경) --- 123

20. 夕焼け小焼け(저녁 노을) --- 129

21. 雪(눈) --- 134

22. もみじ(단풍) --- 139

23. 旅愁(여수) --- 145

24. ペチカ(벽난로) --- 152

25. しゃぼん玉(비누 방울) --- 160

26. めだかの学校(올챙이 학교) --- 165

27. 雪の降る町を(눈 내리는 거리를) --- 171

28. 五木の子守り唄(이츠키의 자장가) --- 180

29. うれしいひなまつり(즐거운 히나마츠리) --- 188

30. あの子はだあれ(쟤는 누구?) --- 196

31. 叱られて(야단맞고서) --- 203

32. ゆりかごの歌(요람의 노래) --- 208

33. ななつのこ(일곱살 어린이) --- 213

34. たなばたさま(칠석님) --- 217

35. たきび(모닥불) --- 221

36. 春よ来い(봄이여 오라) --- 227

37. もののけ姫(모노노케공주) --- 232

1. 赤とんぼ (고추잠자리)

아카톤보

三木露風 作詞 山田耕作 作曲

가 사

夕焼 小焼の	유우야케 고야케노
赤とんぼ	아카톤-보
負われて	오와레테
見たのは	미타노와
いつの 日か	이츠노 히카

-9-

山の 畑の	야마노 하타케노
桑の 実を	쿠와노 미오
小篭に つんだは	고카고니 츤다와
まぼろしか	마보로시카
十五で ねえやは	쥬-고데 네에야와
嫁に 行き	요메니 유키
お里の たよりも	오사토노 타요리모
たえはてた	다에하테타
夕焼小焼の	유우야케 고야케노
赤とんぼ	아카톤-보
とまって いるよ	토맛테 이루요
竿の先	사오노사키

번 역

저녁 노을의
고추잠자리
업혀서 본 것이
언제였던가

산밭의
뽕나무 열매를

조그만 바구니에 땄던 것은
꿈이었던가

15에 누나는
시집을 가고
고향에 서신도
끊어졌다

저녁 노을의
고추잠자리
앉아 있네
빨래 줄 끝에

단어 · 어휘 · 문법

夕焼小焼の(ゆうやけこやけの。 유우야케 고야케노) → 夕焼小焼(저녁 노
　을)＋の(격조사. 의) 의역하여 〈저녁 노을 질 때의. 저녁 노을 질 무렵의〉

赤とんぼ(あかとんぼ。 아카톤보) → 〈고추 잠자리〉

負われて(おわれて。 오와레테) → 원형 負う(おう。 오우。 업다)의 수동
　연용형. 〈업혀서〉

見たのは(みたのは。 미타노와) → 見た(원형 見る―みる。 미루。 보다―
　의 과거형)＋の(종조사. 것)＋は(주격 조사. 은) 〈보았던 것은〉

いつの日か(いつのひか。 이츠노히카) → いつ(언제)＋の(격조사. 의)＋日
　(날)＋か (의문 종조사. ～인가) 〈언제였던가. 어느 날 이었던가〉

山の(やまの。 야마노) → 山(산)＋の(격조사. 의) 〈산의. 산에 있는〉

畑の(はたけの。 하타케노) → 畑(밭)＋の(격조사. 의) 〈밭의〉

桑の(くわの。 구와노) → 桑(뽕나무)＋の(격조사. 의) 〈뽕나무의〉

実を(みを。 미오) → 実(열매)＋を(목적격 조사. 를) 〈열매를〉

小籠に(こかごに。 고카고니) → 小籠(조그만 바구니)＋に(격조사. 에) 〈조그만 바구니에〉

つんだは(摘んだは。 츤다와) → つんだ(원형 つむ－摘む。 츠무。 따다－의 과거형)＋は(주격 조사. 은. 정확하게는 「のは」이나 이곳에서는 종조사 「の」가 생략 되었음) 〈땄던 것은. 땄던 것이〉

まぼろしか(幻か。 마보로시카) → まぼろし(환상. 착각. 꿈. 헛것)＋か(의문 종조 사. ～인가) 〈꿈이었던가〉

十五で(じゅうごで。 쥬-고데) → 十五(열 다섯. 이곳에서는 十五歳의 「歳」가 생략 됨)＋で(격조사. 에) 〈열 다섯 살에〉

姉やは(ねえやは。 네에야와) → 姉や(사전적 의미는 「나이 어린 식모」이나 이곳에서는 「누나」의 의미로 쓰임)＋は(주격 조사. 는) 〈누나는〉

嫁にゆき(よめにゆき。 요메니 유키) → 嫁(색시. 신부)＋に(격조사. ～로)＋ゆき (원형 ゆく－行く。 유큐, 혹은 이쿠。 가다－의 연용형. 가고) 직역하면 (신부로 가고)가 되나 관용형으로 〈시집 가고〉로 쓰임.

お里の(おさとの。 오사토노) → お(미화접두어)＋里(고향)＋の(격조사. 의) 〈고향의. 고향에〉

たよりも(便りも。 다요리모) → たより(서신. 편지. 안부. 연락)＋も(격조사. 도) 〈연락도〉

たえはてた(絶え果てた。 다에하테타) → 원형 たえはてる(絶え果てる。 다에하테루。 완전히 끊어지다)의 과거형. 〈완전히 끊어졌다〉

とまっているよ(止まっているよ。 토맛테 이루요) → とまって(원형 とま
　　る-止まる。 토마루。 멈추다-의 연용형. 멈추어)+いる(있다)+よ(종
　　조사) 〈멈춰 있어요. (의역하여)앉아 있어요〉

さおの(竿の。 사오노) → さお(빨래 줄을 거는 기둥)+の(격조사. 의) 의역
　　하여 〈빨래 줄의〉

先(さき。 사키) → 〈끝. 꼭대기〉

　　이 곡은 일곱 살 때 어머니를 잃은 작사가 三木 露風가 〈고향〉과 돌아가신
〈어머니〉를 생각하며 만든 곡이라고 합니다. 그래서인가 〈고향〉을 생각나게
한다는 점에서 일본의 동요 중에 가장 널리 알려진 노래라고 할 수 있습니다.
　　모델이 되고 있는 곳은 兵庫県 本龍野이며 三木는 本龍野의 명예 시민이기
도 합니다.
　　이 곡의 제목을 딴 「赤とんぼ 荘(아카돈보소-)」라고 하는 여관이 역 앞에
있는데 그곳에서는 매일 아침 7시, 저녁 5시, 밤 10시 등 하루에 세 번 확성
기를 통하여 「赤とんぼ」의 챠임을 시내에까지 들리도록 크게 틀고 있다고 합
니다.
　　이 곡이 만들어진 것은 1921년, 작사가 三木 露風와 작곡가 山田 耕筰 콤
비의 69곡 째 작품이라고 하는데, 三木가 76세로 사망한 지 일년 후의 같은
날, 山田가 타계했다고 하는 우연의 일치가 많은 사람들에게 깊은 감동을 남
기고 있습니다.

2. さくらさくら(벚꽃)

사쿠라 사쿠라

日本古謡

1.さ く ら さ く ら の や ま も さ と ー も
2.さ く ら さ く ら や よ い の そ ら ー は

み わ た す か ぎ ー り か す み か く も ー か あ さ ひ に
み わ た す か ぎ ー り か す み か く も ー か に お い ぞ

に お ー う さ く ら さ く ら は な ざ ー か り ん
い ず ー る い ざ や い ざ や み に ゆ ー か ん

가　　　사

さくら さくら	사쿠라 사쿠라
野山も さとも	노야마모 사토모
みわたす かぎり	미와타스 가기리
かすみか くもか	가스미카 구모카

朝日に におう	아사히니 니오우
さくら さくら	사쿠라 사쿠라
花盛り	하나자카리
さくら さくら	사쿠라 사쿠라
やよいの 空は	야요이노 소라와
見わたす かぎり	미와타스 가기리
かすみか くもか	가스미카 구모카
においぞ 出ずる	니오이죠 이즈르
いざや いざや	이자야 이자야
見に ゆかん	미니 유캉

번 역

벚꽃 벚꽃
들판에도 마을에도
눈에 띄는 것 전부
연기인가 구름인가
아침 햇살에 향기롭다
벚꽃 벚꽃
만발하였네

벚꽃 벚꽃
삼월의 하늘은

눈에 띄는 것 전부

연기인가 구름인가

아름다운 경치가 나타나요

자 자

보러 가자

단어 · 어휘 · 문법

さくら(桜。 사쿠라) → 〈벚꽃〉

野山も(のやまも。 노야마모) → 野山(야산. 들판)＋も(격조사. 도) 〈들판
에도〉

里(さと。 사토) → 〈고향. 향리. 마을. 동네〉

見わたすかぎり(みわたすかぎり。 미와타스 가기리) → 見わたす(원형 見渡
す－みわたす。 미와타스。 눈에 보이는 전경을 한눈에 둘러보다－의 연
체형)＋かぎり(～한) 〈눈에 보이는 전부가. 눈에 띄는 전부가〉

かすみか(霞か。 가스미카) → かすみ(연기. 뿌연 공기. 구름)＋か(의문 종
조사) 〈연기인가〉

雲か(くもか。 구모카) → 雲(구름)＋か(의문 종조사) 〈구름인가〉

朝日に(あさひに。 아사히니) → 朝日(아침 햇살)＋に(격조사. 에) 〈아침 햇
살에〉

におう(匂う。 니오우) → 〈좋은 냄새가 나다. 향기롭다〉

花ざかり(はなざかり。 하나자카리) → 花(꽃)＋ざかり(명사〈花〉와 명사〈さ
かり〉가 접해 있을 때는 나중에 오는 명사가 연음화 되어 〈ざかり〉가
됨. 한창 때. 만발) 〈(꽃이) 만발 하였네〉

やよい(야요이) → 음력 3월을 말함. 〈3월〉

空は(そらは。 소라와) → 空(하늘)＋は(계조사. 은) 〈하늘은〉

においぞ(匂いぞ。 니오이죠) → におい(향기)＋ぞ(강조의 종조사) 의역하여
〈아름다운 경치〉

出ずる(いずる。 이즈르) → 出る(でる。 데르。 나타나다)의 古어. 〈나타
나요〉

いざや(이자야) → いざ(권유형의 古어. 자)＋や(감탄사) 〈자〉

見に(みに。 미니) → 見(원형 見る−みる。 미르。 보다−의 연용형)＋に
(격조사) 〈보러〉

ゆかん(유캉) → 行こう(いこう。 이코우。 가자)의 古어. 〈가자〉

🔍 **해   설**

우리나라의 国花는 무궁화입니다만 일본의 国花는 이렇다하게 법률로 정해
져 있는 것은 없습니다. 다만 「さくら(벚꽃)」과 국화가 일본을 대표하는 꽃이
라고 할 수 있겠지요.

이 중에서 국화는 황실을 상징하는 꽃으로 꼽히지만 민중 속에 널리 사랑
받고 있는 꽃은 누가 뭐라 해도 역시 벚꽃입니다.

매년 사월 초순이 되면 신문이나 텔레비전 등에서는 일제히 벚꽃의 만개
상황을 보도하고 있습니다. 일본 전도 사진에는 각 지역 별로 벚꽃의 만개 예
정일이 표시되어 꽃구경 하기에 좋은 날들을 사람들에게 알려주고 있을 정도
입니다.

쿄오토에서 특히 〈밤 벚꽃 놀이〉로 유명한 곳은 기온의 〈円山公園(마르야
마 코오엥)〉입니다. 수많은 종류의 벚꽃들이 화려한 조명 아래 마치 콘테스트

를 하는 듯 그 커다란 자태를 뽐내고 있습니다.

아름다움이 피크에 달하면, 저녁에 행해질 〈밤 벗꽃 놀이〉를 위하여 아침부터 자리다툼이 벌어집니다. 연중 행사중에 벗꽃 놀이가 스케줄의 하나로 들어 있는 회사가 많고 열심인 곳에서는 아침부터 자리 확보를 위해 사원을 몇 명인가 내 보내고 있기 때문이지요.

벗꽃 밑에서 담화하고 먹고 마시며 즐기는 일본 사람들. 그 추웠던 겨울의 고통을 잊고 앞으로 닥쳐 올 무더움에 대비하는 일종의 마음의 휴식이라고나 할까요?

3. 春の小川 (봄 시냇물)

하루노 오가와

高野辰之 作詞
岡野貞一 作曲

 가 사

| 春の 小川は | 하루노 오가와와 |
| さらさら いくよ | 사라사라 이쿠요 |

岸の すみれや	기시노 스미레야
れんげの 花に	렝게노 하나니
すがた やさしく	스가타 야사시쿠
色 うつくしく	이로 우츠크시쿠
さいて いるねと	사이테 이루네토
ささやき ながら	사사야키 나가라
春の 小川は	하루노 오가와와
さらさら いくよ	사라사라 이쿠요
えびや めだかや	에비야 메다카야
小ぶなの 群に	고부나노 무레니
今日も 一日	쿄우모 이치니치
ひなたで およぎ	히나타데 오요기
遊べ 遊べと	아소베 아소베토
ささやき ながら	사사야키 나가라

번 역

봄 시냇물은

넘실 넘실 흘러가요

해안가의 제비꽃이나

연꽃에게

예쁘고

아름답게

피었네 라고
소근거리면서

봄 시냇물은
넘실 넘실 흘러가요
새우나 올챙이
붕어들에게
오늘도 하루를
양지에서 헤엄치며
놀아라 놀아라 라고
소곤거리면서

단어 · 어휘 · 문법

春の(はるの。 하루노) → 春(봄)+の(격조사. 의) ⟨봄의⟩

小川は(おがわは。 오가와와) → 小川(작은 냇가. 시냇물)+は(주격 조사.
　　은) ⟨시냇물은⟩

さらさら(사라사라) → ⟨넘실 넘실⟩

いくよ(行くよ。 이쿠요) → いく(가다)+よ(종조사) 이곳에서는 시냇물이
　　주격이므로 ⟨흘러 가요⟩가 됨.

岸の(きしの。 기시노) → 岸(해안)+の(격조사. 의) ⟨해안의⟩

すみれや(菫や。 스미레야) → すみれ(제비꽃)+や(병렬형 접속 조사. ～이
　　나) ⟨제비꽃이나⟩

れんげの(蓮華の。 렝게노) → れんげ(연꽃)+の(격조사. 의) ⟨연꽃의⟩

花に (はなに。 하나니) → 花(꽃)＋に(격조사. 에) 〈꽃에〉

すがた (姿。 스가타) → 〈자세. 모습〉

やさしく (優しく。 야사시쿠) → 원형 やさしい(優しい。 야사시이。 얌전하다. 예쁘다)의 연용형. 〈얌전하게. 예쁘게〉

色 (いろ。 이로) → 〈색깔〉

うつくしく (美しく。 우츠크시쿠) → 원형 うつくしい(美しい。 우츠크시이。 아름답다)의 연용형. 〈아름답게〉

咲いているねと (さいているねと。 사이테이루네토) → さいて(원형 咲く－さく。 사쿠。 피다－의 연용형. 피어)＋いる(있다)＋ね(종조사)＋と(～라고) 〈피어 있구나 라고〉

ささやきながら (囁きながら。 사사야키 나가라) → ささやき(원형 ささやく－囁く。 사사야쿠－의 연용형)＋ながら(～하면서) 〈소근거리면서〉

えびや (海老や。 에비야) → えび(새우)＋や(병렬형 접속사. ～이나) 〈새우나〉

めだかや (메다카야) → めだか(올챙이)＋や(병렬형 접속사. ～이나) 〈올챙이나〉

小ぶなの (こぶなの。 고부나노) → 小(작은)＋ぶな(붕어)＋の(격조사. 의) 〈작은 붕어의〉

群に (むれに。 무레니) → 群(무리. 떼거리. 들)＋に(격조사. 에게) 〈무리에게. 떼에게. ～들에게〉

今日も (きょうも。 쿄우모) → 今日(오늘)＋も(격조사. 도) 〈오늘도〉

一日 (いちにち。 이치니치) → 〈하루〉

ひなたで (日向で。 히나타데) → ひなた(양지)＋で(장소를 나타내는 격조사. 에서) 〈양지에서〉

およぎ (泳ぎ。 오요기) → 원형 泳ぐ(およぐ。 오요구。 헤엄치다. 수영하다)의 연용형. 〈헤엄치고〉

遊べと(あそべと。 아소베토) → あそべ(원형 遊ぶ-あそぶ。 아소부。 놀
   다-의 명령형. 놀아라)+と(～라고) 〈놀아라 라고〉

해 설

   작사가 高野辰之는 문학 박사로서 『일본 연극사』『일본 가요사』『江戸문
학사』등의 저자이기도하며 이 책에서도 소개하고 있는 「故郷」「朧月夜」등
일본의 초등학교에서 널리 불리어지고 있는 유명한 동요의 작사가이기도
합니다.

   그가 이 노래를 지었던 1912년경만 해도 배경이 되고 있는 장소는 시냇물
이 졸졸 흐르고 한쪽에는 귀여운 꽃들이 옹기종기 피어 있는, 그리고 냇물 속
엔 새우랑 미꾸라지 등 작은 고기들이 떼를 지어 헤엄쳐 다니고 있던 가사
그대로의 평화롭고 전원적인 분위기였다고 합니다.

   하지만 지금의 그 장소를 아는 사람들은 설마 하며 믿기 어려운 듯 고개를
갸우뚱거린다고들 합니다. 그도 그럴 것이 그 장소란 다름 아닌 原宿로, 복잡
한 토오쿄오의 중심부이기 때문입니다.

   복개 공사하기 전의 청계천의 풍경을 알고 계시던 어르신네가 지금의 변함
을 보시고는 깜짝 놀라는 것과 마찬가지라고나 할까요. 백년이나 옛날전의 이
야기니까 무리도 없겠지요.

4. 早春賦 (이른봄의 시)

소-슈운후

吉丸 昌 作詞
中田 章 作曲

 가 사

春は 名のみの   하루와 나노미노

風の 寒さや   가제노 사무사야

谷の うぐいす	다니노 우구이스
歌は 思えど	우타와 오모에도
時に あらずと	도키니 아라즈토
声も 立てず	고에모 다테즈
時に あらずと	도키니 아라즈토
声も 立てず	고에모 다테즈
氷 解け去り	고오리 도케사리
葦は 角ぐむ	아시와 츠노구무
さては 時ぞと	사테와 도키죠토
思う あやにく	오모우 아야니쿠
今日も 昨日も	교-모 기노우모
雪の空	유키노소라
今日も 昨日も	교-모 기노우모
雪の空	유키노소라
春と 聞かねば	하루토 기카네바
知らで ありしを	시라데 아리시오
聞けば 急かるる	기케바 세카루루
胸の 思いを	무네노 오모이오
いかにせよとの	이카니세요토노
この 頃か	고노 고로카
いかにせよとの	이카니세요토노
この 頃か	고노 고로카

번 역

봄은 이름 뿐
바람의 쌀쌀함이요
계곡의 휘파람새
노래를 부르려 해도
때가 아니라고
소리도 못 내네
때가 아니라고
소리도 못 내네

얼음 녹아 없어지고
갈대 싹이 나온다
자 때가 왔다고
생각하지만 공교롭게도
오늘도 어제도
눈 올 것 같은 하늘
오늘도 어제도
눈 올 것 같은 하늘

봄이라고 하지 않으면
모르고 있을 것을
들으면 급해지는
가슴의 생각을
어떻게 좀 하라는

요즈음인가

어떻게 좀 하라는

요즈음인가

🖊 단어 · 어휘 · 문법

春は(はるは。 하루와) → 春(봄)+は(주격 조사. 은) 〈봄은〉

名のみの(なのみの。 나노미노) → 名(이름)+のみ(뿐)+の(격조사. 의) 〈이름 뿐의〉

風の(かぜの。 가제노) → 風(바람)+の(격조사. 의) 〈바람의〉

寒さや(さむさや。 사무사야) → 寒さ(추위)+や(계조사) 〈추위여〉

谷の(たにの。 다니노) → 谷(계곡)+の(격조사. 의) 〈계곡의〉

鶯(うぐいす。 우그이스) → 〈휘파람새〉

歌は(うたは。 우타와) → 歌(노래)+は(주격 조사. 는) 〈노래는〉

思えど(おもえど。 오모에도) → 思え(원형 思える—おもえる。 오모에루. 자연히 생각이 들다—의 연용형)+ど(접속 조사. ~지만. 대신해서 쓸 수 있는 것이 「けれども」혹은「けど」) 〈생각이 들지만〉 의역하여 〈부르려 해도〉

時に(ときに。 도키니) → 時(때. 기회)+に(격조사. 에) 의역하여 〈때가〉

あらずと(아라즈토) → あら(원형 ある—아루。 있다—의 미연형)+ず(부정의 조동사)+と(~라고) 〈없다고〉 의역하여 〈아니라고〉

声も(こえも。 고에모) → 声(목소리. 소리)+も(격조사. 도) 〈소리도〉

立てず(たてず。 다테즈) → 立て(원형 立てる—たてる。 다테루。 세우다. 소리를 내다—의 미연형)+ず(부정의 조동사) 〈못 내네〉

氷(こおり。 고오리) → 〈얼음〉

解け去り(どけさり。 도케사리) → 解け(원형 解ける－どける。 도케루。 녹다－의 연용형)＋去り(원형 去る－さる。 사루。 없어지다. 사라지다－의 연용형) 〈녹아 없어지고〉

葦は(あしは。 아시와) → 葦(갈대)＋は(주격 조사. 는) 〈갈대는〉

角ぐむ(つのぐむ。 츠노쿠므) → 〈새싹이 돋아나다. 싹이 나다〉

さては(사테와) → 추측되는 것이 있을 때 쓰는 말. 〈그러면〉

時ぞと(ときぞと。 도키죠토) → 時(때. 시기. 적기)＋ぞ(종조사)＋と(～라고) 〈적기라고〉

思う(おもう。 오모우) → (생각하다). 이 곳에서는 연체형으로 쓰임. 〈생각할〉

あやにく(生憎。 아야니쿠) → 〈공교롭게도〉

今日も(きょうも。 교-모) → 今日(오늘)＋も(격조사. 도) 〈오늘도〉

きのうも(昨日も。 기노-모) → きのう(어제)＋も(격조사. 도) 〈어제도〉

雲の(くもの。 쿠모노) → 雲(구름)＋の(격조사. 의) 〈구름의〉

空(そら。 소라) → 〈하늘〉

春と(はると。 하루토) → 春(봄)＋と(～이라고) 〈봄이라고〉

聞かねば(きかねば。 기카네바) → 聞か(원형 聞く－きく。 기쿠。 듣다－의 미연형)＋ねば(정식으로는 「なければ」 부정의 뜻을 나타내는 가정형) 〈듣지 않으면〉

知らでありしを(しらでありしを。 시라데 아리시오) → 「知らなくているのを」의 古語。 〈모르고 있을 것을〉

聞けば(きけば。 기케바) → 聞け(원형 聞く－きく。 기쿠。 듣다－의 연용형.)＋ば (가정의 의미를 내포하는 접속 조사) 〈들으면〉

急かるる(せかるる。 세카루루) → 원형 急く(せく。 세쿠。 급해지다. 조급
　　해지다)의 문어체 수동형. 〈급해지는〉

胸の(むねの。 무네노) → 胸(가슴)＋の(격조사. 의) 〈가슴의〉

思いを(おもいを。 오모이오) → 思い(생각. 추억)＋を(목적격 조사. 을)
　　〈생각을〉

いかにせよとの(이카니 세요토노) → いかに(어떻게. 어떻게든)＋せよ(원형
　　する－스르。 하다－의 명령형. 하라. 해라)＋と(격조사. 라고 하는)
　　＋の(격조사. 의) 〈어떻게 좀 하라는〉

この頃か(このころか。 고노고로카) → この頃(이즈음. 요즈음)＋か(의문 종
　　조사) 〈요즈음 인가〉

해　설

　이 노래는 봄이 찾아드는 것이 다른 곳보다 훨씬 늦는 산 중턱의 〈安曇野〉
라고 하는 곳을 배경으로 지어졌다고 합니다.

　작사가 吉丸 一昌는 1920년대 초반부터 일본에 있어서의 동요 보급 운동
에 앞장서 온 선구자라고 합니다만 훨씬 나중에 이르러서 그의 공적의 위대
함이 칭송되기 시작하여 1981년이 되어서야 그의 고향에 「早春賦」의 歌碑가
세워졌다고 합니다.

　이 노래는 특히 나이 드신 분들 속에서 지금도 인기가 높은 일본을 대표하
는 노래 중의 하나입니다.

5. 四季の歌(사계절의 노래)

시키노우타

荒木とよひさ 作詞・作曲

© 1972 by Fujipacific Music Inc.

春を 愛する	하루오 아이스르
人は	히토와
心 清き人	고코로 기요키 히토

すみれの	스미레노
花の ような	하나노 요우나
ぼくの	보쿠노
友だち	도모다치
夏を 愛する	나츠오 아이스르
人は	히토와
心 強き人	고코로 츠요키 히토
岩を くだく	이와오 구다쿠
波の ような	나미노 요우나
ぼくの	보쿠노
父親	치치오야
秋を 愛する	아키오 아이스르
人は	히토와
心 深き人	고코로 후카키 히토
愛を 語る	아이오 가타루
ハイネの ような	하이네노 요우나
ぼくの	보쿠노
恋人	고이비토
冬を 愛する	후유오 아이스르
人は	히토와
心 広き人	고코로 히로키 히토
雪を とかす	유키오 토카스
大地の ような	다이치노 요우나

ぼくの   보크노

母親   하하오야

번 역

봄을 사랑하는

사람은

마음이 맑은 사람

제비꽃과

같은

나의

친구

여름을 사랑하는

사람은

마음이 강한 사람

바위를 부수는

파도와 같은

나의

아버지

가을을 사랑하는

사람은

마음이 깊은 사람

사랑을 속삭이는

하이네와 같은

나의

연인

겨울을 사랑하는

사람은

마음이 넓은 사람

눈을 녹이는

대지와 같은

나의

어머니

단어 · 어휘 · 문법

春を(はるを。 하루오) → 春(봄)+を(목적격 조사.을) 〈봄을〉

愛する(あいする。 아이스르) → (사랑하다) 이곳에서는 연체형으로 쓰임
〈사랑하는〉

人は(ひとは。 히토와) → 人(사람)+は(주격 조사. 은) 〈사람은〉

こころ(こころ。 고코로) → 〈마음. 속〉

清き人(きよきひと。 기요키 히토) → 清き 원형(清う−きよう。 기요우。
깨끗하다. 깨끗한−의 문어체)+人(사람) 〈깨끗한 사람〉

すみれの(스미레노) → すみれ(제비꽃)+の(격조사. 의) 〈제비꽃의〉

花のような(はなのような。 하나노 요우나) → 花(꽃)+の(격조사. 의)+よ

う(조동사. ～처럼)＋な(격조사) 〈꽃과 같은〉

ぼくの(僕の。 보크노) → ぼく(남성어. 나)＋の(격조사. 의) 〈나의〉

友だち(ともだち。 도모다치) → 〈친구〉

夏を(なつを。 나츠오) → 夏(여름)＋を(목적격 조사.을) 〈여름을〉

強き(つよき。 츠요키) → 強い(つよい。 츠요이。 강하다 강한)의 문어체.
　　〈강한〉

岩を(いわを。 이와오) → 岩(바위)＋を(목적격 조사.를) 〈바위를〉

くだく(砕く。 구다쿠) → (부수다. 깨다) 이곳에서는 연체형으로 쓰임. 〈부
　　수는. 깨는〉

波(なみ。 나미) → 〈파도〉

父親(ちちおや。 치치오야) → 〈아버지〉

秋(あき。 아키) → 〈가을〉

深き(ふかき。 후카키) → 深い(ふかい。 후카이。 깊다. 깊은)의 문어체.
　　〈깊은〉

愛を(あいを。 아이오) → 愛(사랑)＋を(목적격 조사.을) 〈사랑을〉

語る(かたる。 가타루) → (말하다. 속삭이다) 이곳에서는 연체형으로 쓰임.
　　〈속삭이는〉

ハイネ(はいね。 하이네) → 독일의 시인 〈하이네〉

恋人(こいびと。 고이비토) → 〈애인. 사랑하는 사람〉

冬(ふゆ。 후유) → 〈겨울〉

広き(ひろき。 히로키) → 広い(ひろい。 히로이。 넓다. 넓은)의 문어체.
　　〈넓은〉

雪を(ゆきを。 유키오) → 雪(눈)＋を(목적격 조사.을) 〈눈을〉

とかす(溶かす。 토카스) → (녹이다) 이곳에서는 연체형으로 쓰임. 〈녹이는〉
大地(だいち。 다이치) → 〈대지〉
母親(ははおや。 하하오야) → 〈어머니〉

해 설

이 곡은 1970년에 작곡가 荒木とよひさ가 입원 중에 만든 작품이라고 합니다. 다음해에 두 곳에서 레코드가 나왔지만 불발에 그치고 말았으나 라디오 프로의 주부 리케스트에서 좋은 평판을 얻어 각 社의 경쟁작이 되었다고 합니다. 그 후 芹 洋子가 불러 커다란 인기를 얻게 되었습니다.

맑고 깨끗한 멜로디와 사계절을 노래한 가사로 중·고등 학생들 사이에서 꾸준한 인기를 얻고 있습니다.

6. 夏の思い出(여름날의 추억)

나츠노 오모이데

石井 好子 歌　江間 章子 作詞

中田 喜直 作曲

가   사

夏が くれば	나츠가 구레바
思い 出す	오모이 다스
はるかな 尾瀬	하루카나 오제
遠い 空	토오이 소라
霧の なかに	기리노 나카니
うかび くる	우카비 구루
やさしい 影	야사시이 카게
野の 小径	노노 고미치
水芭蕉の 花が	미즈바쇼-노 하나가
咲いて いる	사이테 이루
夢みて	유메미테
さいて いる	사이테 이루
水の 辺り	미즈노 호토리
石楠花 色に	샤크나게 이로니
たそがれる	다소가레루
はるかな 尾瀬	하루카나 오제
遠い 空	토오이 소라

夏が くれば	나츠가 구레바
思い だす	오모이 다스
はるかな 尾瀬	하루카나 오제
野の 旅よ	노노 다비요
花の なかに	하나노 나카니

そよそよと	소요소요토
ゆれゆれる	유레유레루
浮島よ	우키시마요
水芭蕉の 花が	미즈바쇼-노 하나가
におって いる	니옷테 이루
夢みて	유메미테
におって いる	니옷테 이루
水の 辺り	미즈노 호토리
まなこ つぶれば	마나코 츠브레바
懐かしい	나츠카시이
はるかな 尾瀬	하루카나 오제
遠い 空	토오이 소라

번 역

여름이 되면
생각난다
머나먼 오제
머나먼 하늘
안개 속에
떠오른다
예쁜 모습
들판의 오솔길
미즈바쇼-가

피어 있다
꿈을 꾸며
피어 있다
물가
석남꽃 색으로
노을진다
머나먼 오제
머나먼 하늘

여름이 되면
생각난다
머나먼 오제
들판의 여행이여
꽃 속에
살랑 살랑 흔들리는
신기루 섬이여
미즈바쇼-가
향기롭다
꿈꾸면서
향기롭다
물가
눈감으면
그립다
머나먼 오제
머나먼 하늘

단어 · 어휘 · 문법

夏が(なつが。 나츠가) → 夏(봄)+が(주격 조사. 이) 〈봄이〉

くれば(来れば。 구레바) → 来る(くる。 구루。 오다)의 가정법. (오면) 이
　　곳에서는 〈되면〉

思い出す(おもいだす。 오모이 다스) → 〈생각나다〉

はるかな(遥かな。 하루카나) → はるか(멀리. 먼)+な(계조사) 〈먼. 머나먼〉

尾瀬(おぜ。 오제) → 地名. 정식으로는 尾瀬ヶ原(おぜがはら。 오제가하라)
　　〈오제〉

遠い(とおい。 토오이) → (멀다. 먼) 이곳에서는 연체형으로 쓰임. 〈먼. 머
　　나면〉

空(そら。 소라) → 〈하늘〉

霧の(きりの。 기리노) → 霧(안개)+の(격조사. 의) 〈안개의〉

なかに(中に。 나카니) → なか(속. 안)+に(격조사. 에) 〈속에〉

うかびくる(浮かび来る。 우카비 구루) → うかび(원형 浮かぶ-うかぶ。
　　우카부。 떠오르다-의 연용형)+くる(오다) 〈떠오르다〉

やさしい(優しい。 야사시이) → (예쁘다. 친절하다) 이곳에서는 연체형으로
　　쓰임. 〈예쁜〉

影(かげ。 카게) → 〈모습. 영상. 그림자〉

野の(のの。 노노) → 野(들판)+の(격조사. 의) 〈들판의〉

小径(こみち。 고미치) → 〈작은 길. 오솔길〉

水芭蕉の(みずばしょうの。 미즈바쇼-노) → 水芭蕉(감자과에 속하는 다년
　　생 풀. 미즈바쇼-)+の(격조사. 의) 〈미즈바쇼-의〉

花が(はなが。 하나가) → 花(꽃)+が(주격 조사. 이) 〈꽃이〉

咲いている(さいている。 사이테 이루) → 咲いて(원형 咲く-さく。 사쿠。

피다- 의 연용형. 피어)＋いる(있다) 〈피어 있다〉

夢みて(ゆめみて。 유메미테) → 夢みる(ゆめみる。 유메미루。 꿈꾸다)의
연용형. 〈꿈꾸며〉

水の辺り(みずのほとり。 미즈노 호토리) → 水(물)＋の(격조사.의)＋辺り
(근처) 〈물가〉

石楠花色に(しゃくなげいろに。 샤크나게 이로니) → 石楠花(석남화)＋色
(색. 색깔)＋に(격조사) 〈석남화 색으로〉

たそがれる(黄昏る。 다소가레루) → 〈황혼이 지다〉

旅よ(たびよ。 다비요) → 旅(여행)＋よ(종조사. 이여) 〈여행이여〉

そよそよと(소요소요토) → そよそよ(살랑 살랑)＋と(격조사) 〈살랑 살랑
(하고)〉

ゆれゆれる(유레유레루) → 揺れる(ゆれる。 유레루。 흔들리다)를 음율적
으로 표현하고자 반복하여 쓰고 있음. 이곳에서는 浮島를 수식하는 연체
형으로 쓰임. 〈흔들리는〉

浮島よ(うきしまよ。 우키시마요) → 浮島(물위에 신기로와 같이 떠있는
섬)＋よ (종조사. 이여) 〈신기루와 같은 섬이여〉

におっている(匂っている。 니옷테 이루) → におって(원형 匂う-におう。
니오우。 향기롭다. 좋은 냄새가 나다-의 연용형)＋いる(있다)
〈향기롭다〉

まなこ(眼。 마나코) → 目(め。 메。 눈)의 별칭. 〈눈〉

つぶれば(瞑れば。 츠브레바) → 瞑る(つぶる。 츠브르。 감다)의 가정형.
〈감으면〉

懐かしい(なつかしい。 나츠카시이) → 〈그립다〉

해 설

1950년 NHK의 「라디오 가요」에 이 곡이 소개된 지 일주일도 채 되지 않아 노래 속의 배경이 되고 있는 〈尾瀬〉는 일약 유명한 관광지로 변하였다고 합니다.

그로 인해 산 속에 위치하고 있는 조용하고 한적한 습지 尾瀬는 그 이후 일본 각지로부터 찾아드는 관광객들로 5월부터 9월까지 붐비고 벅적이는 마을로 급변했다고 합니다.

재미있는 것은 이 곡을 작곡한 中田가 尾瀬에는 한 번도 가본 적이 없다고 하는 사실입니다. 작사가가 여성이라 여성에 맞는 서정적이고 아름다운 멜로디를 만들고자 고심했을 뿐이라고 하는데 그 정도로 이렇게 아름다운 곡을 만들 수 있었다면 직접 그 토지에 가서 영감을 얻어 만들었다면 얼마나 더 아름다운 곡이 만들어졌을까 라고 잠시 생각해 봅니다.

7. この道(이 길)

고노 미치

北原 白秋 作詞
山田 耕筰 作曲

1. この みち は ー い つ か きた
2. あの おか は ー い つ か みた

みち あ あ ー そうだ よ ー あ かしや ー
おか あ あ ー そうだ よ ー ほ らしろ ー

の ー は なが さ い て る よ
い ー と け い だ い だ よ

가 사

この 道は	고노 미치와
いつか	이츠카
来た 道	기타 미치
ああ	아 아

そうだよ	소-다요
あかしやの	아카시야노
花が	하나가
咲いて いる	사이테 이루
あの 丘は	아노 오카와
いつか	이츠카
見た 丘	미타 오카
ああ	아 아
そうだよ	소-다요
ほら 白い	호라 시로이
時計台だよ	도케- 다이다요
この 道は	고노 미치와
いつか	이츠카
来た 道	기타 미치
ああ	아 아
そうだよ	소-다요
お母さまと	오카아사마토
馬車で	바샤데
行ったよ	잇타노요
あの 雲は	아노 구모와
いつか	이츠카
見た 雲	미타 구모
ああ	아 아

そうだよ	소-다요
山査子の	산쟈시노
枝も	에다모
垂れてる	타레테루

✎ 번 역

이 길은
언젠가
왔던 길
아 아
그래요
이키시아외
꽃이
피어있네요

저 언덕은
언젠가
보았던 언덕
아 아
그래요
봐요 하얀
시계탑이에요

이 길은

언젠가

왔던 길

아 아

그래요

어머님하고

마차로

갔었지요

저 구름은

언젠가

보았던 구름

아 아

그래요

산사나무의

가지도

드리워져 있어요

단어 · 어휘 · 문법

この(고노) → 〈이〉

道は(みちは。 미치와) → 道(길)＋は(주격 조사. 은) 〈길은〉

いつか(이츠카) → 〈언젠가〉

来た道(きたみち。 기타 미치) → 来た(원형 来る－くる。 구루。 오다－의

과거 연용형. 왔던)+道(길) 〈왔던 길〉

ああ(아아) → 감탄사. 〈아 아〉

そうだよ(소-다요) → そうだ(그래. 그렇다)+よ(종조사) 〈그래요〉

あかしやの(아카시야노) → あかしや(아카시아)+の(격조사. 의) 〈아카시아의〉

花が(はなが。 하나가) → 花(꽃)+が(주격 조사. 이) 〈꽃이〉

咲いている(さいている。 사이테이루) → 咲いて(원형 咲く-さく。 사쿠.
피다-의 연용형. 피어)+いる(있다) 〈피어 있다. 피어 있어요〉

あの(아노) → 〈저〉

丘は(おかは。 오카와) → 丘(구릉. 언덕)+は(주격 조사. 은) 〈언덕은〉

見た丘(みたおか。 미타오카) → 見た(원형 見る-みる。 미루。 보다-의
과거 연용형. 보았던)+丘(언덕) 〈보았던 언덕〉

ほら(호라) → 감탄사. 〈봐요〉

白い(しろい。 시로이) → (하얗다) 이곳에서는 연체형으로 쓰임. 〈하얀〉

時計台だよ(とけいだいだよ。 도케-다이다요) → 時計台(시계탑)+だ(조동
사)+よ (종조사) 〈시계탑이에요〉

お母さまと(おかあさのと。 오카아사마토) → お(미화접두어)+母(어머
니)+さま(사람 이름 등의 뒤에 붙이는 존경어)+と (하고) 〈어머님하고〉

馬車で(ばしゃで。 바샤데) → 馬車(마차)+で(수단 방법을 나타내는 격조
사. ~로) 〈마차로〉

行ったのよ(いったのよ。 잇타노요) → 行った(원형 行く-いく。 이쿠.
가다-의 과거형)+の(종조사)+よ(종조사) 〈갔었어요. 갔었지요〉

雲は(くもは。 구모와) → 雲(구름)+は(주격 조사. 은) 〈구름은〉

山査子の(さんざしの。 산자시노) → 山査子(산사나무)＋の(격조사. 의)
　　〈산사 나무의〉
枝も(えたも。 에다모) → 枝(줄기)＋も(계조사. 도) 〈줄기도〉
垂れてる(たれてる。 타레테루) → 垂れて(원형 垂れる－たれる。 타레루。
　　밑으로 쳐지다. 낮게 펴지다. 드려지다－의 연용형)＋る(いる－이루。
　　있다－의 줄임말) 〈드리어져 있다. 드리어져 있어요〉

해　설

　작곡가 山田는 일본에 있어서의 서양 음악계를 개척하여 오늘날의 수준에
까지 도달시키는데 커다란 역할을 한 경이적인 존재로 알려지고 있습니다.

　그의 작품이 뛰어난 이유는 일본어의 억양과 악센트를 멜로디에 그대로 살
리고 있다고 하는 점이라고 합니다. 〈この道(이 길)〉 역시 그의 대표적인 작
품으로서 일본인들 사이에 깊은 사랑을 받고 있는 곡입니다.

8. 小さい秋みつけた

치이사이 아키 미츠케타

(작은 가을 찾아냈다)

サトウハチロ- 作詞
田中 喜直 作曲

가 사

だれかさんが	다레카상가
だれかさんが	다레카상가
だれかさんが	다레카상가
みつけた	미츠케타
小さい 秋	치이사이 아키
小さい 秋	치이사이 아키
小さい 秋	치이사이 아키
みつけた	미츠케타
目かくし 鬼さん	메카크시 오니상
手のなる 方へ	테노나루 호우에
すました お耳に	스마시타 오미미니
かすかに しみた	가스카니 시미타
呼んでる 口笛	욘데루 구치부에
もずの 声	모즈노 고에
小さい 秋	치이사이 아키
小さい 秋	치이사이 아키
小さい 秋	치이사이 아키
みつけた	미츠케타
だれかさんが	다레카상가
だれかさんが	다레카상가
だれかさんが	다레카상가
みつけた	미츠케타

小さい 秋	치이사이 아키
小さい 秋	치이사이 아키
小さい 秋	치이사이 아키
みつけた	미츠케다
お部屋は 北向き	오헤야와 기타무키
くもりの ガラス	구모리노 가라스
うつろな 目の色	우츠로나 메노이로
とかした ミルク	토카시타 미르크
わずかな すきから	와즈카나 스키카라
秋の 風	아키노 가제
小さい 秋	치이사이 아키
小さい 秋	치이사이 아키
小さい 秋	치이사이 아키
みつけた	미츠케타

だれかさんが	다레카상가
だれかさんが	다레카상가
だれかさんが	다레카상가
みつけた	미츠케타
小さい 秋	치이사이 아키
小さい 秋	치이사이 아키
小さい 秋	치이사이 아키
みつけた	미츠케타
むかしの むかしの	무카시노 무카시노
風見の 鳥の	가자마노 토리노
ぼやけた とさかに	보야케타 토사카니

はぜの葉 ひとつ	하제노하 히토츠
はぜの葉 あかくて	하제노하 아카크테
入日色	이리히이로
小さい 秋	치이사이 아키
小さい 秋	치이사이 아키
小さい 秋	치이사이 아키
みつけた	미츠케타

번 역

누군가가

누군가가

누군가가

찾아냈다

작은 가을

작은 가을

작은 가을

찾아냈다

눈가리개 도깨비

소리나는 쪽으로

쫑긋한 귀에

어렴풋이 들렸다

부르는 휫파람 소리

물까치 소리

작은 가을
작은 가을
작은 가을
찾아냈다

누군가가
누군가가
누군가가
찾아냈다
작은 가을
작은 가을
작은 가을
찾아냈다
방은 북향

뿌예진 유리창
멍한 눈 빛
물에 탄 우유
조그만 틈새로
가을의 바람
작은 가을
작은 가을
작은 가을
찾아냈다

누군가가
누군가가

누군가가

찾아냈다

작은 가을

작은 가을

작은 가을

찾아냈다

옛날 옛날

새 모양을 한 풍향기의

희미해진 벼슬에

옻나무 잎 하나

옻나무 잎 빠알간

저녁 노을 색깔

작은 가을

작은 가을

작은 가을

찾아냈다

단어 · 어휘 · 문법

だれかさんが (誰かさんが。 다레카상가) → だれ(누구)+か(의문 종조사)+
   さん(이름의 뒤에 붙여 존경의 뜻을 나타냄. 한국말의 「氏」에 해당)+が
   (주격 조사. 가) 〈누군가가〉

みつけた (見つけた。 미츠케타) → 원형 見つける(みつける。 미츠케루.
   찾아내다. 찾다)의 과거형. 〈찾아냈다. 찾았다〉

小さい(ちいさい。 치이사이) → 〈작은〉

秋(あき。 아키) → 〈가을〉

目かくし(めかくし。 메카쿠시) → 〈눈가리개〉

鬼さん(おにさん。 오니상) → 鬼(도깨비)+さん(이름・호칭등의 뒤에 붙여 존경의 뜻을 나타냄) 〈도깨비〉

手の(ての。 데노) → 手(손)+の(격조사. 의) 〈손의〉

なる(鳴る。 나루) → (소리나다) 이곳에서는 연체형으로 쓰임. 〈소리나는〉

方へ(ほうへ。 호우에) → 方(방향)+へ(방향을 나타내는 격조사. 에) 〈방향에〉

すました(澄ました。 스마시타) → 원형 澄ます(すます。 스마스。 조용히 하다. 집중하다)의 연용형. 〈조용히 한. 집중한〉 의역하여 〈쫑긋한〉

耳に(みみに。 미미니) → 耳(귀)+に(격조사) 〈귀로〉

かすかに(微かに。 가스카니) → 〈어렴풋이. 희미하게〉

しみた(染みた。 시미다) → 원형 染みる(しみる。 시미루。 물들다. 배이다. ㄴ끼다)의 현재 완료형. 〈느꼈다〉

呼んでる(よんでる。 욘데루) → 呼んで(원형 呼ぶ―よぶ。 요부。 부르다―의 연용형. 부르고)+る(いる의 축약) 〈부르고 있는〉

口笛(くちぶえ。 구치부에) → 〈휫파람 소리〉

もずの(모즈노) → もず(물까치)+の(격조사. 의) 〈물까치의〉

声(こえ。 고에) → 〈목소리. 소리〉

お部屋は(おへやは。 오헤야와) → お(미화 접두어)+部屋(방)+は(주격 조사. 은) 〈방은〉

北向き(きたむき。 기타무키) → 〈북향〉

くもりの(曇りの。 구모리노) → くもり(뿌염. 연기. 구름)+の(격조사. 의) 〈뿌해진〉

ガラス(がらす。 가라스) → 〈유리. 유리창〉

うつろな(虚ろな。 우츠로나) → うつろ(공허한. 멍한)+な(격조사) 〈멍한〉

目の色(めのいろ。 메노이로) → 目(눈)+の(격조사. 의)+色(색. 색깔)
　　　〈눈빛〉

とかした(溶かした。 토카시타) → 溶かす(とかす。 토카스。 녹이다)의 현
　　　재형.〈물에 탄·녹인〉

ミルク(みるく。 미르크) → 〈밀크. 우유〉

わずかな(僅かな。 와즈카나) → わずか(약간. 아주 조금)+な(격조사)
　　　〈조그만〉

すきから(隙から。 스키카라) →すき(틈. 틈새)+から(~로부터) 〈틈새로〉

風(かぜ。 가제) → 〈바람〉

むかしの(昔の。 무카시노) → むかし(옛날)+の(격조사. 의) 〈옛날의〉

風見の(かざみの。 가자미노) → 風見(풍향기)+の(격조사. 의) 〈풍향기의〉

鳥が(とりが。 토리가) → 鳥(새)+が(주격 조사. 가) 〈새가〉

ぼやけた(보야케타) → 원형 ぼやける(보야케루。 희미하다. 확실하지 않다)
　　　의 연체형.〈희미해진〉

とさかに(鶏冠に。 토사카니) → とさか(벼슬)+に(격조사. 에) 〈벼슬에〉

はぜの(하제노) → はぜ(옻나무)+の(격조사. 의) 〈옻나무의〉

葉(は。 하) → 〈잎사귀〉

ひとつ(一つ。 히토츠) → 〈하나〉

あかくて(赤くて。 아카쿠테) → あかく(원형 赤いーあかい。 아카이。 빨
　　　간. 빨갛다-의 연용형)+て(접속 조사) 〈빨갛고〉

入日色(いりひいろ。 이리히이로) → 入日(지는 해. 석양. 노을)+色(색. 색
　　　깔) 〈저녁 노을 색깔〉

해 설

이 곡은 가을을 대표하는 노래로는 일본인들 사이에서 누구에게나 알려져 있는 명곡입니다.

1955년, 「NHK 방송 예술제・가을 축전」에 참가한 당시의 내노라하는 작사 작곡가에 의한 곡들 중 유일한 동요로, 가슴에 와 닿는 아름다운 시와 속삭이는 듯한 선율로 만인의 시선을 끌었습니다. 그리고 1962년 일본 레코드 대상 동요상을 획득, 그 인기는 극에 달했다고 합니다.

어릴 때 뜨거운 물에 심하게 덴 작사가 사토오 하치로-는 그만큼 행동 반경의 제한 속에서 자나났다고 합니다. 모친 손에 이끌려 다닌 교회의 찬송가가 그가 후에 즐겨 부른 서양풍 음악의 모티브가 되었다고 합니다.

「사기 집에서 발견한 자신만의 가을, 그것이 바로 "작은 가을" 입니다」라고 작사가 사토오 하치로오의 2남이 술회하고 있습니다.

9. おさななじみ (소꿉 친구)

오사나 나지미

デューク・エイセス 歌 永 六輔 作詞

中村 八大 作曲

おさ な なじ み の お もい で は

あ ー お い レ モン の あ じ が する

と じ る ま ぶ た の そ の う ら に

お さ な い す が た の き み と ぼく

가 사

おさな なじみの	오사나 나지미노
思い出は	오모이데와
青い レモンの	아오이 레몬노
味が する	아지가 스르

どじる まぶたの	도지루 마부타노
その うらに	소노 우라니
おさない 姿の	오사나이 스가타노
きみと ぼく	기미토 보크
お手々 つないで	오테테 츠나이데
幼稚園	요-치엥
つみき ブランコ	츠미키 부랑코
かみしばい	가미시바이
胸に さがった	무네니 사갓타
ハンカチの	한카치노
きみの 名前が	기미노 나마에가
読めたっけ	요메탓케
小学校の 運動会	쇼-갓코노 운도-카이
君は 一等	기미와 잇토-
ぼくは ビリ	보크와 비리
泣きたい 気持で	나키타이 기모치테
コールイン	고-루인
そのまま 家まで	소노마마 우치마데
駆けたっけ	가케탓케
ニキビの 中に	니키비노 나카니
顔が ある	가오가 아루
毎朝 鏡と	마이아사 가가미토
ニラメッコ	니라멧코

セーラー服が	세-라-후크가
よく 似合う	요크 니아우
君が 他人に	기미가 타닝니
みえたっけ	미에탓케
出すあて なしの	다스아테 나시노
ラブレター	라브레다-
書いて 何度も	가이테 난도모
読み 返す	요미 카에스
あなたの イニシャル	아나타노 이니샤르
なんとなく	난토나쿠
書いて 破いて	가이테 야브이테
捨てたっけ	스테탓케
学校 出てから	갓코 데테카라
久し振り	히사시부리
バッタリ 逢ったら	밧타리 앗타라
二人とも	후타리토모
アベック 同士の	아벳크 도-시노
すれ違い	스레치가이
眠れなかった	네무레나캇타
夜だっけ	요루닷케
あくる 日	아쿠르 히
あなたに 電話して	아나타니 뎅와시테
食事を したいと	쇼크지오 시타이토

云った 時	잇타 도키
急に 感じた	규-니 간지타
胸さわぎ	무나사와기
心の 霧が	고코로노 기리가
晴れたっけ	하레탓케
その日の 内の	소노히노 우치노
プロポーズ	프로포-즈
その夜の 内の	소노요노 우치노
くちづけは	구치즈케와
おさな なじみの	오사나 나지미노
幸福に	시아와세니
香る レモンの	가오루 레몬노
味だっけ	아지닷케
あれから 二年目	아레카라 니넹메
ぼくたちは	보크다치와
若い 陽気な	와카이 요-키나
パパと ママ	파파토 마마
それから 四年目	소레카라 요넹메
おさな 子は	오사나 코와
お手々 つないで	오테테 츠나이데
幼稚園	요-치엥
おさな なじみの	오사나 나지미노
思い 出は	오모이 데와

青い レモンの   아오이 레몬노
味が する   아지가 스르
愛の しるしの   아이노 시루시노
いとし子は   이토시코와
遠い 昔の   토오이 무카시노
君と ぼく   기미토 보크

번 역

소꿉 친구의
추억은
파란 레몬의
맛이 난다
감은 눈까풀의
그 안쪽에
어린 모습의
그대와 나

손을 마주잡고
유치원
블록 쌓기 그네
그림 연극
가슴에 달은
손수건에

그대의 이름을
읽을 줄이나 알았었던가

초등학교의
운동회
그대는 일등
나는 꼴치
울고 싶은 마음으로
골인
그대로 집까지
뛰었었던가

여드름 속에
얼굴이 있지
매일 아침 거울과
눈 싸움
세라복이
잘 어울리는
그대가 남으로
보였었던가

보낼 곳도 없는
러브레타
써서는 몇 번이고
다시 읽고
그대의 이니샬

무심코
써서는 찢어서
버렸었던가

학교 졸업하고
오랜만에
우연히 만나면
둘 다
연인과 함께
스쳐 지나지
잠 못 이루는
밤이었었던가

다음 날
그대에게 전화하여
함께 식사하고 싶다고
말한 때
갑자기 느낀
가슴의 고동소리
마음 속의 안개가
개었었던가

그 날 중으로
프로포즈
그 날밤 중의
입맞춤은

소꿉 친구의
행복으로
향기로운 레몬의
맛이었던가

그로부터 2년 째
우리들은
젊고 명랑한
아빠와 엄마
그로부터 4년 째
어린아이는
손을 마주잡고
유치원

소꿉 친구의
추억은
파란 레몬의
맛이 난다
사랑의 증표인
귀여운 아이는
머언 옛날의
그대와 나

단어 · 어휘 · 문법

おさななじみの(幼なじみの。 오사나 나지미노) → おさななじみ(소꿉 친
    구)+の(격조사. 의) 〈소꿉 친구의〉

思い出は(おもいでは。 오모이데와) → 思い出(추억)+は(주격 조사. 은)
    〈추억은〉

青い(あおい。 아오이) → 〈파란〉

レモンの(れもんの。 레몬노) → レモン(레몬)+の(격조사. 의) 〈레몬의〉

味がする(あじがする。 아지가 스르) → 味(맛)+が(주격 조사. 이)+する
    (하다. 나다) 〈맛이 나다. 맛이 난다〉

どじる(閉じる。 도지루) → (닫다. 감다) 이곳에서는 연체형으로 쓰임.
    〈감은〉

まぶたの(瞼の。 마부타노) → まぶた(눈까풀)+の(격조사. 의) 〈눈의. 눈
    까풀의〉

そのうらに(その裏に。 소노 우라니) → その(그)+うら(안쪽)+に(격조사.
    에) 〈그 안쪽에〉

おさない(幼い。 오사나이) → (어리다) 이곳에서는 姿를 수식하는 연체형으
    로 쓰임. 〈어린〉

姿の(すがたの。 스가타노) → 姿(모습)+の(격조사. 의) 〈모습의〉

きみと(君と。 기미토) → きみ(주로 남성이 친한 동료나 여성, 아랫사람을
    부를 때 쓰는 호칭. 자네. 그대)+と(병렬형 격조사. 와) 〈그대와〉

ぼく(僕。 보크) → 남성어. 〈나〉

お手々(おてて。 오테테) → お(미화 접두어)+手々(てて。 떼떼. 손의 어
    린이 말) 〈손〉

つないで(繋いで。 츠나이데) → 원형 つなぐ(繋ぐ。 츠나구。 연결하다)의
　　연용형. 〈(손을) 마주잡고〉

幼稚園(ようちえん。 요-치엥) → 〈유치원〉

つみき(積み木。 츠미키) → 〈블럭 쌓기〉

ブランコ(ぶらんこ。 부랑코) → 〈그네〉

かみしばい(紙芝居。 가미시바이) → 〈그림 연극〉

胸に(むねに。 무네니) → 胸(가슴)+に(격조사. 에) 〈가슴에〉

さがった(下がった。 사갓타) → 원형 下がる(さがる。 사가루。 밑으로 쳐
　　지다. 내려 뜨리다)의 연용형. 〈달은〉

ハンカチの(はんかちの。 한카치노) → ハンカチ(손수건)+の(격조사) 〈손
　　수건의〉

名前が(なまえが。 나마에가) → 名前(이름)+が(주격 조사. 이) 〈이름이〉

読めたっけ(よめたっけ。 요메탓케) → 読めた(원형 読める-요메루。 요메
　　루。 읽을 수 있다-의 과거연용형)+っけ(친한 사이에 쓰이는 과거 회
　　상의 의문형 회화체) 〈읽을수 있었던가〉

小学校の(しょうがっこうの。 쇼-갓코노) → 小学校(초등학교)+の(격조사.
　　의) 〈초등학교의〉

運動会(うんどうかい。 운도-카이) → 〈운동회〉

一等(いっとう。 잇토-) → 〈일등〉

ビリ(비리) → 〈꼴치. 꼴등〉

泣きたい(なきたい。 나키타이) → 泣き(원형 泣く-なく。 나쿠。 울다-
　　의 연용형)+たい(희망・바램을 나타내는 조동사) 이곳에서는 연체형으
　　로 쓰임. 〈울고 싶은〉

気持で(きもちで。 기모치데) → 気持(기분. 마음)+で(조동사) 〈마음으로.
　　기분으로〉

ゴ-ルイン(ご-るいん。 고-루인) → 〈골인〉

そのまま(소노마마) → 〈그대로〉

家まで(いえまで。 이에마데) → 家(집) + まで(까지) 〈집까지〉

駆けたっけ(かけたっけ。 가케탓케) → 駆けた(원형 駆ける-かける。 가케
　　루。 달리다-의 과거형) + っけ(친한 사이에 쓰이는 과거 회상의 의문형
　　회화체) 〈달렸었던가〉

ニキビの(にきびの。 니키비노) → ニキビ(여드름) + の(격조사. 의) 〈여드름
　　의〉

中に(なかに。 나카니) → 中(속. 안) + に(격조사) 〈안에. 속에〉

顔が(かおが。 가오가) → 顔(얼굴) + が(주격 조사. 이) 〈얼굴이〉

ある(아루) → 〈있다〉

毎朝(まいあさ。 마이아사) → 〈매일 아침〉

鏡と(かがみと。 가가미토) → 鏡(거울) + と(병렬형 격조사. ～하고. ～와,
　　과) 〈거울과〉

ニラメッコ(にらめっこ。 니라멧코) → 〈눈 싸움〉

セ-ラ-服が(せ-ら-ふくが。 세-라-후크가) → セ-ラ-服(세라복) + が(주격 조
　　사. 이) 〈세라복이〉

よく(요쿠) → 〈잘〉

似合う(にあう。 니아우) → (어울리다) 이곳에서는 연체형으로 쓰임. 〈어울
　　리는〉

他人に(たにんに。 타닝니) → 他人(딴 사람. 친하지 않은 사람. 남) + に(격
　　조사. 으로) 〈남으로〉

みえたっけ(見えたっけ。 미에탓케) → みえた(원형 見える-みえる。 미에
　　루。 보이다-의 과거형) + っけ(친한 사이에 쓰이는 과거 회상의 의문
　　형) 〈보였었던가〉

出す(だす。 다스) → (보내다. 붙이다) 이곳에서는 연체형으로 쓰임. 〈보낼〉

あて(宛て。 아테) → 〈소재. 주소〉

なしの(無しの。 나시노) → なし(없음. 없다)＋の(격조사. 의) 이곳에서는
　　　연체형으로 쓰임. 〈없는〉

ラブレタ-(らぶれた-。 라브레타) → 〈러브레타〉

書いて(かいて。 가이테) → 원형 書く(かく。 가쿠。 쓰다)의 연용형. 〈써서〉

何度も(なんども。 난도모) → 何度(몇번)＋も(격조사. 이나) 〈몇번이나〉

読み返し(よみかえし。 요미카에시) → 원형 読み返す(よみかえす。 요미카
　　　에스。 다시 읽다)의 연용형. 〈읽고 또 읽고. 다시 읽고〉

あなたの(貴方の。 아나타노) → あなた(당신. 그대)＋の(격조사. 의) 〈당신
　　　의. 그대의〉

イニシャル(いにしゃる。 이니샤르) → 〈이니셜〉

なんとなく(何となく。 난토나쿠) → 〈무심코〉

破いて(やぶいて。 야브이테) → 원형 破く(やぶく。 야브크。 부시다. 망가
　　　트리다. 찢다)의 연용형. 〈찢어서〉

捨てたっけ(すてたっけ。 스테탓케) → 捨てた(원형 捨てる-すてる。 스테
　　　루。 버리다-의 과거 연용형)＋っけ(친한 사이에 쓰이는 과거 회상의
　　　회화체) 〈버렸었던가〉

学校(がっこう。 갓코오) → 〈학교〉

出てから(でてから。 테테카라) → 出て(원형 出る-でる。 데루。 나오
　　　다-의 연용형)＋から(원인, 출발 등을 나타내는 조사. ～부터) 〈나오고
　　　나서. 졸업하고 부터〉

久し振り(ひさしぶり。 히사시부리) → 〈오랜만〉

バッタリ(ばったり。 밧타리) → 아주 우연히 마주친 상태를 말함.

逢ったら(あったら。 앗타라) → 원형 逢う(あう。 아우。 만나다)의 가정

형. 〈만나면〉

二人とも(ふたりとも。 후타리토모) → 二人(두 사람)＋とも(명사 뒤에 접속하여 그것을 포함하여라는 뜻을 가짐. 모두) 〈두 사람 다. 두 사람 모두〉

アベック同士の(あべっくどうしの。 아벳크 도-시노) → アベック(아베크. 연인)＋同士(친구. 동료)＋の(격조사. 의) 〈연인간의〉

すれ違い(すれちがい。 스레치가이) → すれ違う(すれちがう。 스레치가우 。 스쳐 지나가다)의 명사형. 〈스쳐지나감〉

眠れなかった(ねむれなかった。 네무레나캇타) → 眠れない(ねむれない。 네무레나이。 잠 못 이루다)의 과거 연용형. 〈잠 못 이루었던〉

夜(よる。 요루) → 〈밤〉

あくる日(あくるひ。 아쿠르히) → 〈다음날〉

電話して(でんわして。 뎅와시테) → 電話(전화)＋して(원형 する－스르。 하다－ 의 연용형) 〈전화해서〉

食事を(しょくじを。 쇼크지오) → 食事(식사)＋を(목적격 조사) 〈식사를〉

したいと(시타이토) → したい(하고 싶다)＋と(～고) 〈하고 싶다고〉

云った時(いったどき。 잇타도키) → 云った(원형 云う－いう。 이우。 말하다－의 과거 연체형)＋時(때) 〈말했을 때〉

急に(きゅうに。 큐-니) → 〈갑자기〉

感じた(かんじた。 간지타) → 원형 感じる(かんじる。 간지르。 느끼다)의 과거 연용형. 〈느낀. 느꼈던〉

胸騒ぎ(むなさわぎ。 무나사와기) → 〈가슴 떨림〉

心の(こころの。 고코로노) → 心(마음. 가슴)＋の(격조사. 의) 〈마음의. 가슴 속의〉

霧が(きりが。 기리가) → 霧(연기. 안개)＋が(주격 조사. 가) 〈안개가〉

晴れた (はれた。 하레타) → 원형 晴れる (はれる。 하레루。 개다. 맑아지
다)의 과거형. 〈개였다〉

その日の内の (そのひのうちの。 소노히노우치노) → その (그) ＋日 (날) ＋の
(격조사. 의) ＋内 (안. 내) ＋の (격조사. 의) 〈그날 안에〉

プロポーズ (ぷろぽ-ず。 프로포즈) → 〈프로포즈〉

その夜 (そのよ。 소노요) → その (그) ＋夜 (밤) 〈그날 밤〉

くちづけは (口づけは。 구치즈케와) → くちづけ (입맞춤) ＋は (주격 조사.
은) 〈입맞춤은〉

幸福に (しあわせに。 시아와세니) → 幸福 (이 글자는 こうふく로 쓰고 발음
은 고오후크이나 이곳에서는 시아와세로 발음하고 있음. 행복) ＋に (격조
사. 에) 〈행복에〉

香る (かおる。 가오루) → (향기롭다) 이곳에서는 연체형으로 쓰임. 〈향기
로운〉

あれから (아레카라) → 〈그로부터〉

二年目 (にねんめ。 니넹메) → 二年 (2년) ＋目 (째) 〈2년째〉

ぼくたちは (僕達は。 보크타치와) → ぼく (남성어. 나) ＋たち (복수. ～들) ＋
は (주격 조사. 은) 〈우리들은〉

若い (わかい。 와카이) → (젊다) 이곳에서는 연체형으로 쓰임. 〈젊은〉

陽気な (ようきな。 요우키나) → 〈밝고 활달한. 명랑한〉

パパとママ (파파토 마마) → パパ (아빠) ＋と (와) ＋ママ (엄마) 〈아빠와 엄마〉

それから (소레카라) → 〈그로부터〉

おさな子は (おさなこは。 오사나코와) → おさな子 (어린 아이) ＋は (주격 조
사. 는) 〈어린 아이는〉

愛の(あいの。 아이노) → 愛(사랑)＋の(격조사. 의)〈사랑의〉

しるし(印。 시루시) →〈증표〉

いとし子は(いとしこは。 이토시코와) →いとし(愛しい―いとしい。 이토시
　　이―의 줄임말. 사랑스런)＋子(아이)＋は(주격 조사. 는)〈사랑스런 아
　　이는〉

遠い(とおい。 토오이) →〈멀다. 먼〉

昔(むかし。 무카시) →〈옛날〉

해 설

　네 명의 남성 중창단으로 구성 된 이 그룹은 1955년 결성되어 62년의〈お
さななじみ(소꿉 친구)〉로 그 이름을 널리 알리게 되었다고 합니다. 흑인 영
가를 잘 소화하는 실력파 그룹으로 수많은 상을 수상하며 반세기 가까운 활
동을 보이고 있습니다.

10. バラが咲いた (장미가 피었다)

바라가 사이타

マイク 真木 歌 浜口 庫之助 作詞・作曲

가 사

バラが 咲いた	바라가 사이타
バラが 咲いた	바라가 사이타
真っ赤な バラが	맛카나 바라가
淋しかった	사비시캇타
ぼくの 庭に	보크노 니와니
バラが 咲いた	바라가 사이타
たった ひとつ	닷타 히토츠
咲いた バラ	사이타 바라
小さな バラで	치이사나 바라데
淋しかった	사비시캇타
ぼくの 庭が	보크노 니와가
明るく なった	아카루크 낫타
バラよ バラよ	바라요 바라요

小さな バラ	치이사나 바라
そのままで	소노마마테
そこに	소코니
咲いてて おくれ	사이테테 오쿠레
バラが 咲いた	바라가 사이타
バラが 咲いた	바라가 사이타
真っ赤な バラで	맛카나 바라데
淋しかった	사비시캇타
ぼくの 庭が	보크노 니와가
明るく なった	아카루크 낫타
バラが 散った	바라가 칫타
バラが 散った	바라가 칫타
いつの 間にか	이츠노 마니카
僕の 庭は	보크노 니와와
前の ように	마에노 요우니
淋しく なった	사비시크 낫타
ぼくの 庭の	보크노 니와노
バラは 散って	바라와 칫테
しまったけれど	시맛타케레도
淋しかった	사비시캇타
僕の 心に	보크노 고코로니
バラが 咲いた	바라가 사이타
バラよ バラよ	바라요 바라요
心の バラ	고코로노 바라
いつまでも	이츠마데모

ここで	고코데
咲いてて おくれ	사이테테 오쿠레
バラが 咲いた	바라가 사이타
バラが 咲いた	바라가 사이타
僕の 心に	보쿠노 고코로니
いつまでも	이츠마데모
散らない	치라나이데
真っ赤な バラが	맛카나 바라가

번 역

장미가 피었다
장미가 피었다
새빨간 장미가
외로웠던
나의 정원에
장미가 피었다
단 한송이
핀 장미
작은 장미로
외로웠던
나의 정원이
환해졌다
장미여 장미여

작은 장미
그대로
그곳에
피어있어 줘
장미가 피었다
장미가 피었다
새빨간 장미로
외로웠던
나의 정원이
환해졌다

장미가 졌다
장미가 졌다
어느 틈인가
나의 정원은
전과 같이
외로워졌다
나의 정원의
장미는 시들어
버렸지마는
외로웠던
나의 마음에
장미가 피었다
장미여 장미여
마음의 장미여
언제까지나

여기에

피어 있어줘

장미가 피었다

장미가 피었다

나의 마음에

언제까지나

시들지 않는

새빨간 장미가

단어 · 어휘 · 문법

バラが(ばらが。 바라가) → バラ(장미)＋が(주격 조사. 가) 〈장미가〉

咲いた(さいた。 사이타) → 원형 咲く(さく。 사쿠。 피다의 현재 완료형)
〈피었다〉

真っ赤な(まっかな。 맛카나) → 〈새빨간〉

淋しかった(さびしかった。 사비시캇타) → 원형 淋しい(さびしい。 사비시
이。 외롭다. 쓸쓸하다. 적적하다)의 과거 연체형. 〈외로웠던〉

ぼくの(僕の。 보크노) → ぼく(남성어. 나)＋の(격조사. 의) 〈나의〉

庭に(にわに。 니와니) → 庭(정원)＋に(격조사. 에) 〈정원에〉

たった(닷타) → 〈오직. 겨우〉

ひとつ(一つ。 히토츠) → (하나) 이곳에서는 의역하여 〈한 송이〉라고 함.

小さな(ちいさな。 치이사나) → 원형 小さい(ちいさい。 치이사이。 작다)
의 연체형. 〈작은〉

明るくなった(あかるくなった。 아카루크낫타) → 明るく(원형 明るい－あ

かるい。 아카루이。 밝다. 환하다-의 연용형. 환해)+なった(원형 な
る-나루。 되다- 의 현재 완료형) 〈환해졌다〉

バラよ(ばらよ。 바라요) → バラ(장미)+よ(종조사) 〈장미여〉

そのままで(소노마마데) → 〈그대로〉

そこに(其処に。 소코니) → そこ(거기. 그곳)+に(격조사. 에) 〈그곳에〉

咲いてて(さいてて。 사이테테) → 咲いて(원형 咲く-사쿠。 피다-
의 연용형)+て(いて-원형 いる의 연용형-의 축약어) 〈피어 있어〉

おくれ(오쿠레) → お(미화 접두어)+くれ(원형 くれる-구레루。 주다-의
명령형. 주어라. 줘) 〈줘〉

散った(ちった。 칫타) → 원형 散る(ちる。 치루。 지다. 시들다)의 과거형.
〈졌다. 시들었다〉

いつの間にか(いつのまにか。 이츠노마니카) → 〈어느 새에. 어느 틈인가〉

前のように(まえのように。 마에노요우니) → 前(전)+の(격조사. 과)+よう
に(~같이) 〈전과 같이〉

しまったけれど(시맛타케레도) → しまった(원형 しまう-시마우。 끝나
다. 그만두다-의 과거 연용형)+けれど(역접의 접속 조사. ~만)
〈~버렸지만〉

心に(こころに。 고코로니) → 心(마음. 가슴 속)+に(격조사. 에) 〈마음에.
가슴 속에〉

いつまでも(이츠마데모) → 〈언제까지나〉

ここで(고코데) → ここ(여기. 이곳)+で(장소를 나타내는 격조사) 〈이곳에
서. 여기서〉

散らない(ちらない。 치라나이) → 散ら(원형 散る-ちる。 치루。 지다. 시
들다-의 미연형)+ない(부정의 의미) 〈지지 않아. 시들지 않아〉

해   설

   1966년도 후반기에 선풍적인 붐을 일으킨 곡이 바로 〈バラが咲いた(장미가 피었다)〉입니다. 그리고 이 곡으로 인해 일본 음악계의 포크송이 정착되었다고 하는 음악 사상에 있어서도 의미를 갖는 곡이기도 합니다.
   하지만 일본에 있어서의 포크송은 초반기에는 좌익 사상을 강하게 표현시키는 것으로 시작 되었다고 합니다만 이 곡을 부른 マイク真木(마이크 마키)는 반공산주의 운동에 참가하는 등, 당시의 포크송 계의 문제아였다고 하는군요.

11. 幸せなら手をたたこう

시아와세나라 테오 타타고오

(행복하면 손뼉을 치자)

きむら りひと 作詞
スペイン 民謡

가 사

幸せなら	시아와세나라
手を たたこう	데오 타타코오
幸せなら	시아와세나라
手を たたこう	데오 타타코오

幸せなら	시아와세나라
態度で	타이도데
しめそうよ	시메소우요
ほら みんなで	호라 민나데
手を たたこう	데오 타타코오

幸せなら	사아와세나라
足 ならそう	아시 나라소오
幸せなら	시아와세나라
足 ならそう	아시 나라소오
幸せなら	시아와세나라
態度で	타이도데
しめそうよ	시메소오요
ほら みんなで	호라 민나데
足 ならそう	아시 나라소오

幸せなら	시아와세나라
肩 たたこう	가타 타타코오
幸せなら	시아와세나라
肩 たたこう	가타 타타코오
幸せなら	시아와세나라
態度で	타이도데
しめそうよ	시메소오요
ほら みんなで	호라 민나데
肩 たたこう	가타 타타코오

 번 역

행복하면
손뼉을 치자
행복하면
손뼉을 치자
행복하면
태도로
나타내요
자 함께
손뼉을 치자

행복하면
발을 구르자
행복하면
발을 구르자
행복하면
태도로
나타내요
자 다함께
발을 구르자

행복하면
어깨를 치자
행복하면

어깨를 치자

행복하면

태도로

나타내요

자 다함께

어깨를 치자

단어 · 어휘 · 문법

幸せなら(しあわせなら。 시아와세나라) → 幸せ(행복)＋なら(가정의 접속
　　조사. ～라면. ～하면) 〈행복하면〉

手を(てを。 데오) → 手(손)＋を(목적격 조사.을) 〈손을. 손뼉을〉

たたこう(叩こう。 타타코오) → 원형 叩く(たたく。 타타쿠。 때리다. 두두
　　리다. 치다)의 권유형. 〈두두리자. 치자〉

態度で(たいどで。 타이도데) → 態度(태도. 행동)＋で(수단·방법을 나타내
　　는 격조사) 〈태도로〉

しめそうよ(示そうよ。 시메소오요) → しめそう(원형 示す－しめす。 시메
　　스。 나타내다－의 권유형. 나타내자)＋よ(종조사) 〈나타내요〉

ほら(호라) → 상대방의 주의를 끌기 위해 하는 말. 〈자〉

みんなで(皆で。 민나데) → みんな(모두. 다)＋ で(격조사) 〈다 함께〉

足(あし。 아시) → 〈발〉

ならそう(鳴らそう。 나라소오) → 원형 鳴らす(ならす。 나라스。 울리다.
　　소리내다)의 권유형. 이곳에서는 「발」로 소리를 내는 것이므로 〈구르자〉

肩(かた。 가타) → 〈어깨〉

해   설

　일본의 동요 중에도 우리나라와 마찬가지로 외국의 민요가 많이 불리어지고 있는데 이 곡 역시 그 중의 하나라고 할 수 있습니다. 경쾌하고 빠른 템포가 애창되는 이유하고 할 수 있을까요.

12. おぼろ月夜(몽롱한 달밤)

오보로 츠키요

高野 辰之 作詞
岡野 貞一 作曲

♩=80

C / F6 C G C

なの は なばた けーにい り ひうすれ

C / F C G7 C

みわた すやま のーは か す みふかし

G7 C / G

はる かぜそよ ふーく そーら をみれ ば

C / C7 F C F C G7 C

ゆう づ きかか りーてに お いあわし

가 사

菜の葉 畠に	나노하 바타케니
入日 うすれ	이리히 우스레
見渡す 山の端	미와타스 야마노하

かすみ 探し	가스미 후카시
春風 そよ吹く	하루카제 소요후크
空を みれば	소라오 미레바
夕月 かかりて	유우즈키 가카리테
匂い 淡し	니오이 아와시
里 わのほかげも	사토 와노호카게모
森の 色も	모리노 이로모
田中の 小道を	다나카노 고미치오
たどる 人も	다도루 히토모
かわずの 鳴く音も	가와즈노 나쿠네모
鐘の 音も	가네노 오토모
さながら かすめる	사나가라 가스메루
おぼろ 月夜	오보로 츠키요

번역

유채 꽃밭에
지는 햇살 약해지고
멀리 보이는 산 능선
안개가 자욱하네
봄바람 살랑이는
하늘을 보면
이른 달님 걸려있고

은은한 향기가

마을에 둥그런 그림자도
숲의 색깔도
논뚜렁의 좁은 길을
찾는 사람도
개구리의 울음소리도
종소리도
모두 들려오는
몽롱한 달밤

단어 · 어휘 · 문법

菜の花畠に(なのはなばたけに。 나노하나 바타케니) → 菜の花(유채꽃)
　　+畠(밭)+に(격조사. 에) 〈유채 꽃밭에〉

入日(いりひ。 이리히) → 〈석양. 지는 노을〉

うすれ(薄れ。 우스레) → 원형 薄れる(うすれる。 우스레루。 희박해지다.
　　약해지다)의 연용형. 〈희미해져. 약해져〉

見渡す(みわたす。 미와타스) → (넓고 멀리 보다. 넓은 범위를 보다. 전체를
　　보다) 이곳에서는 「山」를 수식하는 연체형으로 쓰임. 〈멀리 보이는〉

山の端(やまのは。 야마노하) → 山(산)+の(격조사. 의)+端(근처. 부근)
　　〈산능선〉

かすみ(霞。 가스미) → 〈연기. 구름. 안개〉

深し(ふかし。 후카시) → 원형 深い(ふかい。 후카이。 깊다)의 연용형. 이
　　곳에서는 의역하여 〈자욱하네〉

春風(はるかぜ。 하루카제) → 春(봄)+風(바람) 〈봄 바람〉

そよ吹く(そよふく。 소요후크) → (살랑 살랑 불다) 이곳에서는 「空」를 수
　　식하는 연체형으로 쓰이고 있음. 〈살랑 살랑 불고 있는〉

空を(そらを。 소라오) → 空(하늘)+を(목적격 조사.을) 〈하늘을〉

みれば(見れば。 미레바) → 원형 見る(みる。 미루。 보다)의 가정형. 〈보
　　며는. 보면〉

夕月(ゆうづき。 유우즈키) → 夕(저녁)+月(달) 의역하여 〈이른 달님〉

かかりて(가카리테) → かかりて(원형 架る-かかる。 가카루。 걸리다-의
　　연용형)의 古어. 〈걸려 있고〉

匂い淡し(においあわし。 니오이 아와시) → 匂い(냄새. 향기)+淡し(원형
　　淡い- あわい。 아와이。 약하다. 미미하다. 은은하다-의 연용형) 이
　　곳에서는 의역하여 〈은은한 향기가〉

里(さと。 사토) → 〈고향. 마을〉

わの(環の。 와노) → 環(둥그렇다)+の(주격 조사. 의) 〈둥그런〉

ほかげも(火影も。 호카게모) → ほかげ(불빛·전등 등에 의한 그림자)+も
　　(격조사. 도) 〈그림자도〉

森の(もりの。 모리노) → 森(숲)+の(격조사. 의) 〈숲의〉

色も(いろも。 이로모) → 色(색. 색깔)+も(격조사. 도) 〈색깔도〉

田中の(たなかの。 다나카노) → 田(논)+中(가운데. 중. 속)+の(격조사.
　　의) 의역하여 〈논뚜렁의〉

小道を(こみちを。 고미치오) → 小道(작은 길. 좁은 길)+を(목적격 조사.
　　을) 〈좁은 길을〉

たどる(辿る。 다도루) → (찾다) 이곳에서는 「人」를 수식하는 연체형으로

쓰임. 〈찾는〉

人も(ひとも。 히토모) → 人(사람)＋も(격조사. 도) 〈사람도〉

かわずの(가와즈노) → かわず(개구리)＋の(격조사. 의) 〈개구리의〉

鳴く音も(なくねも。 나쿠네모) → 鳴く(우는)＋音(소리)＋も(격조사. 도)
　　　〈우는 소리도〉

鐘(かね。 가네) → 〈종〉

さながら(사나가라) → 〈그대로〉

かすめる(掠める。 가스메루) → (스쳐 지나간다) 이곳에서는 연체형으로 쓰
　　　임. 〈스쳐 지나가는. 들리는〉

おぼろ(朧。 오보로) → 〈희미한. 몽롱한〉

月夜(つきよ。 츠키요) → 〈달밤〉

해　설

　이 노래는 작사가 高野辰之가 토오쿄오 음악 학교 교수가 되기 전에 근무
했던 현재의 飯山시 초등학교 교사 시절, 飯山를 배경으로 만들은 시라고 합
니다.

　일본의 유명한 문학자 島村藤村의 대표작 「破戒」도 같은 토지를 배경으로
하고 있어 飯山시는 이 두 사람으로 인해 일약 유명한 관광지로 손꼽히게 되
었다고 합니다.

　이 노래는 지금도 많은 사람들 속에서 사랑 받고 있는데 그 이유는 산업화
와 도시화로 인해 점점 잊혀져 가고 있는 일본의 봄의 원풍경이 이 가사 속
에 있다고 하기 때문이랍니다.

13. あおげば尊し

아오게바 토-토시
(우러러보면 존경스러운)

作詞・作曲 不詳

あおげば とうとし わがしのおん ー お
たがいに むつみし ひごろのおん ー わ

しえのにわにもは やいくとせ ー おみ
かるのちにもや よわするな ー み

もえばいととしこのとしつき ー いい
をたてなをあげや よはげめよ ー い

まこそわかれめいざさら ー ば ー
まこそわかれめいざさら ー ば ー

 가   사

あおげば 尊し   아오게바 토-토시

わが 師の恩   와가 시노온

教えの 庭にも	오시에노 니와니모
はや いくとせ	하야 이쿠토세
思えば いと疾し	오모에바 이토토시
この とし月	고노 토시츠키
いまこそ わかれめ	이마코소 와카레메
いざ さらば	이자 사라바

たがいに むつみし	다가이니 무츠미니
日ごろの 恩	히고로노 온
わかるる 後にも	와카루루 노치니모
やよ 忘れるな	야요 와스레루나
身をたて 名をあげ	미오타테 나오아게
やよ はげめよ	야요 하게메요
いまこそ わかれめ	이마코소 와카레메
いざ さらば	이자 사라바

朝夕 なれにし	아사유우 나레니시
まなびの 窓	마나비노 마도
ほたるの 灯火	호타루노 토모시비
つむ 白雪	츠무 시라유키
忘るる まぞなき	와스루루 마죠나키
ゆく 年月	유크 토시츠키
今こそ わかれめ	이마코소 와카레메
いざ さらば	이자 사라바

번   역

우러러보면 존경이어라
우리 선생님 은혜
배움의 정원에도
빠른 세월
생각하면 너무도 빠른
이 세월
지금이야말로 헤어질 때
자 안녕

서로 사이좋았던
매일 매일의 은혜
헤어진 후에도
잊지 말자
입신 양명하여
노력하라
지금이야말로 헤어질 때
자 안녕

아침 저녁 길들은
배움의 창
반디의 불빛
쌓인 하얀 눈
잊을 틈없는

가는 세월

지금이야말로 헤어질때

자 안녕

단어 · 어휘 · 문법

あおげば(仰げば。 아오게바) → 원형 あおぐ(仰ぐ。 아오구。 우러러보다.
　　존경하다. 배움을 청하다)의 가정형.〈우러러보면〉

尊し(とうとし。 토우토시) → 尊ぶ의 문어체.〈존경〉

わが(我が。 와가) → 〈우리들의〉

師の(しの。 시노) → 師(스승)+の(격조사. 의)〈스승의〉

恩(おん。 온) → 〈은혜〉

教えの(おしえの。 오시에노) → 教え(가르침. 배움)+の(격조사. 의)〈배
　　움의〉

庭にも(にわにも。 니와니모) → 庭(정원)+に(격조사. 에)+も(계조사. 도)
　　〈정원에도〉

はや(早。 하야) → 〈빠른〉

いくとせ(行く年) → いく(가는)+とせ(세월)〈가는 세월〉

おもえば(思えば。 오모에바) → 원형 思う(おもう。 오모우。 생각하다)의
　　가정형.〈생각하면〉

いと(이토) → 「非常に」「甚だしく」의 古語.〈대단히. 너무도〉

疾し(とし。 토시) → 「早い」의 문어체.〈빠르다〉

この(고노) → 〈이〉

年月(としつき。 토시츠키) → 年(년)+月(월) 의역하여 〈세월〉

今こそ(いまこそ。　이마코소) → 〈지금이야말로〉

わかれ(分かれ。　와카레) → (이별) 의역하여 〈이별의 때〉

いざ(이자) → 감탄사. 古語. 〈자〉

さらば(사라바) → 〈안녕〉

たがいに(互いに。　다가이니) → 〈서로〉

むつみし(무츠미시) → 睦んだ의 문어체. 〈사이 좋았던〉

日ごろの(ひごろの。　히고로노) → 日ごろ(매일 매일)＋の(격조사. 의) 〈매일 매일의〉

恩(おん。　온) → 〈은혜〉

わかるる(別るる。　와카루루) → 別れる(わかれる。　와카레루。　헤어지다. 이별하다)의 문어체. 이곳에서는 「後」에 걸리는 연체형으로 쓰이고 있음. 〈헤어지는〉

後にも(のちにも。　노치니모) → 後(나중. 후)＋に(격조사. 에)＋も(계조사. 도) 〈나중에도. 후에도〉

やよ(야요) → 말을 건넬 때 쓰는 감탄사. 古語. 〈어이〉

忘るな(わするな。　와스르나) → 忘る(忘れる－わすれる。　와스레루。　잊다. 잊어 버리다－의 문어체)＋な(금지·명령의 의미를 내포하는 종조사) 〈잊지 말라〉 의역하여 〈잊지 말자〉

身を(みを。　미오) →身(몸)＋を(목적격 조사. 을) 〈몸을〉

たて(立て。　다테) → 원형 立つ(たつ。　다츠。　세우다. 일으키다)의 연용형. 〈세우고〉

名を(なを。　나오) → 名(이름. 명성)＋を(목적격 조사. 을) 〈이름을. 명성을〉

あげ(上げ。　아게) → 원형 上げる(あげる。　아게루。　올리다. 높이다)의 연용형. 〈높이고. 올리고〉

はげめよ(勵めよ。　하게메요) → はげめ(勵む－はげむ。　하게무。　노력하다.

　　　분발하다의 명령형)＋よ(종조사) 〈노력하라. 분발하라〉

朝夕(あさゆう。 아사유우) → 〈아침 저녁〉

なれにし(慣れにし。 나레니시) → なれ(몸에 배다. 습관이 되다. 길들다)
　　　＋に(격조사)＋し(원형 する－스르。 하다－의 연용형) 〈길들은〉

まなびの(学びの。 마나비노) → 学び(배움)＋の(격조사. 의) 〈배움의〉

窓(まど。 마도) → 〈창〉

ほたるの(蛍の。 호타루노) → ほたる(개똥 벌레. 반디)＋の(격조사. 의)
　　　〈반디의〉

灯火(ともしび。 토모시비) → 〈불빛〉

つむ(積む。 츠무) → (쌓이다) 이곳에서는 연체형으로 쓰임. 〈쌓이는〉

白雪(しらゆき。 시라유키) → 〈백설. 흰눈〉

まぞ(間ぞ。 마죠) → ま(시간. 틈. 여가)＋ぞ(종조사) 〈시간. 틈. 여가〉

なき(無き。 나키) → 無い(없다。 나이。 없다)의 연용형. 〈없는〉

ゆく(行く。 유크) → (가다) 이곳에서는 「とし月」를 수식하는 연체형으로
　　　쓰임. 〈가는〉

年月(としつき。 토시츠키) → 〈세월〉

🔍 해　설

　　이 곡은 1885년『小学 唱歌集』에 발표되었습니다.『小学 唱歌集』란 문부성이 편찬한 음악 책으로 이곳에 실린 노래를 〈문부성 唱歌〉라고 하는데 이 노래들은 일본에 근대화가 시작된 明治時代(1898년~1912년)부터 2차 세계대전 직후인 1948년 사이에 편찬되었습니다.

　　서양의 오선악보를 읽을 줄 아는 사람이 거의 없었던 당시, 일본인에게 알

기 쉬운 서양 악보를 발굴하여 적당한 가사를 붙이는 방법으로 〈唱歌〉를 편찬하였다고 하는데 대개 스코틀랜드 민요가 고대 일본의 음계에 가까운 것이라 하여 많이 채택되었다고 합니다.

그 중 이 노래의 가사는 우리나라의 「스승의 노래」에 버금가는 내용이라고 할 수 있습니다. 개인주의가 발달한 요즈음의 일본에선 유교사상이 농후한 이러한 곡은 이미 과거의 유물로 퇴색해 버렸습니다만 그래도 옛날엔 언제나 졸업식장에서 울려 퍼지던 향수 깊은 곡이었다고 합니다.

스승과 제자간의 존경과 사랑을 새삼 생각해보고자 소개 드렸습니다.

14. うみ (바다)

우미

林 柳波 作詞
井上 武士 作曲

1. うみ は ひろい な な おおき い なみ
2. うみ は おおなみ あおい な み

つ き が のぼる し ひがし ず むら
ゆ れ て どこま で つづく や ら

 가   사

うみは	우미와
ひろいな	히로이나
大きいな	오오키이나
つきが	츠키가
のぼるし	노보르시
ひが	히가

- 98 -

しずむ	시즈무

うみは	우미와
おおなみ	오오나미
あおい なみ	아오이 나미
ゆれて	유레테
どこまで	도코마데
つづくやら	츠즈쿠야라

うみに	우미니
おふねを	오후네오
うかばして	우카바시테
いって	잇테
みたいな	미타이나
よその くに	요소노 쿠니

✐ 번역

바다는
넓구나
크구나
달이
뜨고
해가

진다

바다는
큰 파도
푸르른 파도
흔들리며
어디까지
계속되는 걸까

바다에
배를
띄우고
가고
싶어라
다른 나라

단어 · 어휘 · 문법

うみは(海は。 우미와) → 海(바다)＋は(주격 조사. 는) 〈바다는〉

ひろいな(広いな。 히로이나) → 広い(넓다)＋な(종조사) 〈넓구나〉

大きいな(おおきいな。 오오키이나) → 大きい(크다)＋な(종조사) 〈크구나〉

つきが(月が。 츠키가) → 月(달)＋が(주격 조사. 이) 〈달이〉

のぼるし(上るし。 노보르시) → のぼる(오르다. 뜨다)＋し(접속 조사) 〈오르고. 뜨고〉

日が(ひが。 히가) → 日(해)＋が(주격 조사. 가) 〈해가〉

しずむ(沈む。 시즈므) → 〈기울다. 가라앉다. 지다〉

おおなみ(大波。 오오나미) → おお(큰. 커다란)＋なみ(파도. 물결) 〈큰 파도. 큰 물결〉

あおい(青い。 아오이) → (푸르다. 파랗다) 이곳에서는 「なみ」를 수식하는 연체형으로 쓰이고 있음. 〈푸르른〉

ゆれて(揺れて。 유레테) → 원형 揺れる(ゆれる。 유레루。 흔들리다)의 연용형. 〈흔들리며〉

どこまで(何処まで。 도코마데) → どこ(어디)＋まで(까지) 〈어디까지〉

つづくやら(続くやら。 츠즈크야라) → つづく(계속되다)＋やら(의문을 나타내는 부조사) 〈계속될까. 계속될 것인가〉

おふねを(お船を。 오후네오) → お(미화 접두어)＋ふね(배)＋を(목적격 조사. 를) 〈배를〉

うかばして(浮かばして。 우카바시테) → 浮かばす(うかばす。 우카바스。 띄우다)의 연용형. 〈띄어서. 띄어 놓고〉

いって(行って。 잇테) → 원형 行く(いく。 이쿠。 가다)의 연용형. 〈가〉

みたいな(見たいな。 미타이나) → み(원형 見る－みる。 미루。 보다－의 연용형)＋たい(희망・바램을 나타내는 조동사)＋な(종조사) 〈가보고 싶어라〉

よその(他所の。 요소노) → よそ(딴. 다른)＋の(격조사) 〈딴. 다른〉

くに(国。 쿠니) → 〈나라〉

해 설

　이 노래는 제 1차 세계 대전 중인 1942년에 발표되었습니다. 여덟 소절의 단조로운 노래가 좋은 반응을 일으켜 우리나라에서도 소개된 바 있는 동요 중의 하나입니다.

　그런데 이 노래가 발표 된 목적은 군국주의의 길을 치닫고 있던 당시의 〈해군 일본〉을 상징하는 곳에 있었다고 합니다. 어린이들의 꿈과 상상을 불러일으키는데 중요한 역할을 담당하는 동요의 〈힘〉마저도 전쟁을 위한 도구로 사용했다고 하는 군국주의의 〈비인간성〉을 엿볼 수 있습니다.

　하지만 초등학교 일 학년 대상의 곡이었던 만큼 「군 당국으로부터 노골적인 요구는 받지 않고 끝났다」고 합니다.

15. 故郷(고향)

후루사토

高野 辰之 作詞
岡野 貞一 作曲

가   사

うさぎ おいし   우사기 오이시

かの 山   가노 야마

小鮒 つりし   고부나 츠리시
かの 川   가노 가와
夢は 今も   유메와 이마모
めぐりて   메구리테
忘れ がたき   와스레 가타키
故郷   후루사토

いかに います   이카니 이마스
父母   치치하하
つつがなしや   츠츠가나시야
友がき   토모가키
雨に 風に   아메니 가제니
つけても   츠케테모
思い いずる   오모이 이즈르
故郷   후르사토

こころざしを   고코로자시오
はたして   하타시테
いつの 日にか   이츠노 히니카
帰らん   가에랑
山は おおき   야마와 오오키
故郷   후르사토
水は 清き   미즈와 기요키
故郷   후르사토

번 역

토기를 쫓던

그 산

작은 붕어 낚시하던

그 강

꿈은 지금도

그리로 향하네

잊지 못 할

고향

어떻게 지내십니까

어머니 아버지

무사한가

친구들

비 바람이

휘몰아쳐도

생각나는

고향

마음 먹은 대로

달성하여

언젠가

돌아갈 수 있겠지

산은 푸르른

고향

물은 맑은

고향

단어 · 어휘 · 문법

うさぎ(兎。 우사기) → 〈토끼〉

追いし(おいし。 오이시) → 「追い掛けた」의 문어체. 〈잡으러 쫓아다니던〉

かの(가노) → 〈그〉

山(やま。 야마) → 〈산〉

小鮒(こぶな。 고부나) → 〈붕어 새끼. 작은 붕어〉

釣りし(つりし。 츠리시) → 「釣った」의 문어체. 〈잡았던. 낚시하던〉

川(かわ。 가와) → 〈강〉

夢は(ゆめは。 유메와) → 夢(꿈)＋は(주격 조사. 은) 〈꿈은〉

今も(いまも。 이마모) → 今(지금)＋も(계조사. 도) 〈지금도〉

めぐりて(廻りて。 메구리테) → 「廻って」의 문어체. (찾고) 의역하여 〈그리
    로 향하고〉

忘れがたき(わすれがたき。 와스레 가타키) → 忘れ(忘れる－わすれる。 와
    스레루。 잊다. 잊어 버리다－의 연용형)＋がたき(難い－かたい。 가타
    이。 어렵다－의 문어체) 〈못 잊을. 잊을 수 없는〉

故郷(ふるさと。 후르사토) → 〈고향〉

いかに(如何に。 이카니) → 〈어떻게〉

います(이마스) → 원형 いる(이루。 있다. 지내다)의 존경어. 이곳에서는 의

문형으로 쓰이고 있으나 의문형의 종조사 「か」와 생략 됨. 〈있습니까.
지내십니까〉

父母(ちちはは。 치치하하) → 〈어머니 아버지〉

つつがなしや(츠츠가나시야) → 「つつがない」의 문어체. 〈무사한가. 별고 없
는가〉

友がき(ともがき。 토모가키) → 「友だち」의 古語. 〈친구. 동무〉

雨に(あめに。 아메니) → 雨(비)+に(격조사. 에) 〈비에〉

風に(かぜに。 가제니) → 風(바람)+に(격조사. 에) 〈바람에〉

つけても(츠케테모) → つけて(浸ける－つける。 츠케루。 젖다. 적시다－의
연용형)+も(계조사. 도) 〈젖어도〉

思いいずる(おもいいずる。 오모이 이즈르) → 思い(생각. 추억)+いずる
(「出す」의 古語) 이곳에서는 연체형으로 쓰임. 〈생각나는〉

こころざしを(志を。 고코로자시오) → こころざし(결의. 목표)+を(목적격
조사.를) 〈목표를〉

はたして(果たして。 하타시테) → 果たす(はたす。 하타스。 달성하다. 완
수하다) 의 연용형. 〈달성하여. 완수하여〉

いつの日にか(いつのひにか。 이츠노 히니카) → いつの日(언제)+に(격조
사)+か (원래는 의문의 종조사이나 이곳에서는 마음 속 의향을 나타내
고 있음) 〈언제가〉

帰らん(かえらん。 가에랑) → 「帰れるたろう」의 古語. 〈돌아갈 수 있겠지〉

山は(やまは。 야마와) → 山(산)+は(주격 조사. 은) 〈산은〉

あおき(青き。 아오키) → 青い(あおい。 아오이。 푸르다)의 문어체. 단 이
곳에서는 「故鄕」를 수식하는 연체형으로 쓰이고 있음. 〈푸르른〉

水は(みずは。 미즈와) → 水(물)+は(주격 조사. 은) 〈물은〉

清き(きよき。 기요키) → 清い(きよい。 기요이。 맑다. 깨끗하다)의 문어체.

이곳에서는 연체형으로 쓰임. 〈깨끗한. 맑은〉

해　설

　〈토끼를 쫓던 그 산〉 〈꿈에도 보이는 고향〉 〈어머님 아버님 어찌 지내고 계십니까〉등, 가슴에 사무치는 구구 절절한 표현으로 일본 창가 중 인기 1위를 달리는 곡이라고 할 수 있습니다.

　경제적 도약을 꿈꾸며 남미로 이주한 교포들 대상의 콘서트에서 청중과 가수의 마음이 하나가 되어 피크에 달하는 것은 언제나 「故郷」를 부를 때라고 가수 晑宀 哲는 말합니다.

　그리고 가사의 내용 뿐만아니라 선율의 아름다움에 도취된 수많은 외국 학생들이 악보를 달라며 열성을 보이는 곡도 바로 이 곡이라고 합니다.

16. わか葉 (새싹)

와카바

松永 みやお 作詞

平岡 均之 作曲

♩=96

あざやかな みどりよ
あかるい みどりよ
とりいを つつみ わらやを かくし かおる
かおる わかばが か お る ー

🎵 가 사

あざやかな	아자야카나
みどりよ	미도리요
あかるい	아카루이

みどりよ	미도리요
とりいを つつみ	토리이오 츠츠미
わらやを かくし	와라야오 가쿠시
かおる かおる	가오르 가오르
わか葉が	와카바가
かおる	가오르
さわやかな	사와야카나
みどりよ	미도리요
ゆたかな	유타카나
みどりよ	미도리요
田畑を うずめ	다하타오 우즈메
野山を おおい	노야마오 오오이
そよぐ そよぐ	소요그 소요그
わか葉が	와카바가
そよぐ	소요그

✎ 번 역

선명한
초록이여
밝은
초록이여
기둥 문을 감싸고

초가집을 가리고

향기롭다 향기롭다

새 싹이

향기롭다

상쾌한

초록이여

풍부한

초록이여

논밭을 메우고

야산을 덮고

살랑인다 살랑인다

새 싹이

살랑인다

단어 · 어휘 · 문법

あざやかな(鮮やかな。 아자야카나) → あざやか(선명)+な(격조사) 〈선명한〉

みどりよ(緑よ。 미도리요) → みどり(초록)+よ(종조사) 〈초록이여〉

あかるい(明るい。 아카루이) → 〈밝다. 밝은〉

とりいを(鳥居を。 토리이오) → とりい(기둥으로된 문)+を(목적격 조사. 을) 〈기둥문을〉

つつみ(包み。 츠츠미) → 원형 包む(つつむ。 츠츠무。 감싸다 덮어싸다)의 연용형. 〈감싸고〉

わらやを(藁屋を。 와라야오) → わらや(초가집)＋を(목적격 조사. 을)
〈초가집을〉

かくし(隠し。 가쿠시) → 원형 隠す(かくす。 가크스。 숨기다. 가리다)의
연용형. 〈가리고〉

かおる(香る。 가오루) → 〈좋은 냄새가 나다. 향기롭다〉

わか葉が(若ばが。 와카바가) → わか葉(새싹)＋が(주격 조사. 이) 〈새싹이〉

さわやかな(爽やかな。 사와야카나) → さわやか(상쾌)＋な(격조사) 〈상쾌한〉

ゆたかな(豊かな。 유타카나) → ゆたか(풍부. 부유)＋な(격조사) 〈풍부한〉

田畑(たはた。 다하타) → 〈논밭〉

うずめ(埋め。 우즈메) → 埋める(うずめる。 우즈메루。 덮다. 묻다. 메우
다)의 연용형. 〈메우고〉

野山を(のやまを。 노야마오) → 野山(야산)＋を(목적격 조사.을) 〈야산을〉

おおい(覆い。 오오이) → 覆う(おおう。 오오우。 덮다. 감싸다)의 연용형.
〈덮고〉

そよぐ(소요구) → 〈(바람이) 살랑 살랑 분다〉

해 설

1943년 발표된 이 곡은 초등학교 4학년용으로 음악 교과서에 채택되었습니다. 이 곡에서 처음으로 장조·단조가 기록되기 시작하였다고 하여 화제가 되었는데 戰後에 CM송에도 채택되어 새로운 선풍을 일으켰다고 합니다.

17. からたちの花 (탱자 꽃)

가라타치노 하나

北原 白秋 作詞

山田 耕筰 作曲

- 113 -

でないた よー みんなみんなや さしかった よ か

らたちのはな がさいた よ しろい

しろいは な がさいた よ

가 사

からたちの 花が	가라타치노 하나가
咲いたよ	사이타요
白い 白い	시로이 시로이
花が 咲いたよ	하나가 사이타요

からたちの とげは	가라타치노 도게와
いたいよ	이타이요
青い 青い	아오이 아오이
針の とげだよ	하리노 도게다요

| からたちは | 가라타치와 |
| 畑の 垣根よ | 하타노 가키네요 |

| いつも いつも | 이즈모 이즈모 |
| とおる 道だよ | 토오루 미치다요 |

からたちも	가라타치모
秋は みのるよ	아키와 미노루요
まろい まろい	마로이 마로이
金の たまだよ	킹노 다마다요

からたちの そばで	가라타치노 소바데
泣いたよ	나이타요
みんな みんな	민나 민나
やさしかったよ	야사시캇타요

からたちの 花が	가라타치노 하나가
咲いたよ	사이타요
白い 白い	시로이 시로이
花が 咲いたよ	하나가 사이타요

번역

탱자 꽃이
피었어요
하아얀 하아얀
꽃이 피었어요

탱자의 가시는
아파요
파아란 파아란
가시는 아파요

탱자는
밭 울타리에요
언제나 언제나
지나가는 길이에요

탱자도
가을엔 열매가 달려요
둥근 둥근
금색깔의 구슬이에요

탱자 옆에서
울었지요
모두 모두
친절했어요

탱자꽃이
피었어요
하아얀 하아얀
꽃이 피었어요

단어 · 어휘 · 문법

からたちの(가라타치노) →からたち(탱자)＋の(격조사. 의) 〈탱자의〉

花が(はなが。 하나가) → 花(꽃)＋が(주격 조사. 이) 〈꽃이〉

咲いたよ(さいたよ。 사이타요) → 咲いた(원형 咲く－さく。 사쿠。 피다－의 연용형. 피었다)＋よ(종조사) 〈피었어요〉

白い(しろい。 시로이) → 〈하얗다. 하얀〉

とげは(刺は。 도게와) → とげ(가시)＋は(주격 조사. 는) 〈가시는〉

いたいよ(痛いよ。 이타이요) → いたい(아프다)＋よ(종조사) 〈아파요〉

あおい(青い。 아오이) → 〈파란. 파아란〉

針(はり。 하리) → 〈바늘〉

畑の(はたの。 하타노) → 畑(밭)＋の(격조사. 의) 〈밭의〉

垣根よ(かきねよ。 가키네요) → 垣根(벽. 울타리)＋よ(종조사) 〈울타리에요〉

いつも(이츠모) → 〈언제나〉

とおる(通る。 토오루) → (지나가다) 이곳에서는 「道」를 수식하는 연체형으로 쓰이고 있음. 〈지나가는〉

道だよ(みちだよ。 미치다요) → 道(길)＋だ(조동사)＋よ(종조사) 〈길이에요〉

秋は(あきは。 아키와) → 秋(가을)＋は(주격 조사) 〈가을엔〉

みのるよ(実るよ。 미노루요) → みのる(열매 맺다. 열매가 달리다)＋よ(종조사) 〈열매 맺어요. 열매 달려요〉

まろい(마로이) → 원형 まろい(丸い。 마루이。 둥글다)의 변형. 이곳에서는 연체형으로 쓰임. 〈둥근〉

金の(きんの。 킹노) → 金(금)＋の(격조사) 〈금의〉

たまだよ(玉だよ。 다마다요) → 玉(구슬. 둥근것)＋だ(조동사)＋よ(종조사)
    〈구슬이에요〉

そばで(側で。 소바데) → そば(옆)＋で(장소를 나타내는 격조사. 에서) 〈옆
    에서〉

泣いたよ(ないたよ。 나이타요) → 泣いた(원형 泣くーなく。 나쿠。 울
    다ー의 과거 연용형. 울었다)＋よ(종조사) 〈울었어요〉

みんな(みんな。 민나) → 〈모두〉

やさしかったよ(優しかったよ。 야사시캇타요) → やさしかった(원형 やさ
    しいー優しい。 야사시이。 상냥하다. 친절하다ー의 과거형. 상냥했다.
    친절했다)＋よ (종조사) 〈친절했어요〉

🔍 **해 설**

　이 곡의 가사는 일본의 국민 시인으로 알려지고 있는 北原 白秋의 詩입
니다.

　아버지의 가업을 이어 가야만 할 입장이었음에도 불구하고 문학과 詩歌에
몰두한 그는 고향인 福岡県 柳川市를 야밤도주 하듯 빠져나와 상경하였다고
합니다.

　와세다 대학에서 문학 수업을 거친 北原가 국민 시인으로 대성한 후 금의
환향하여 고향의 감회와 추억을 읊은 것이 바로 이 詩입니다.

18. こいのぼり (고이 노보리)

고이 노보리

日本教育音樂教会 作詞・作曲

♩=120

やねより　たかい　こいの　ぼー　り　おおきい

まごいは　おとう　さ　ん　ちいさい　ひごいは

こども　たー　ち　おもしろ　そうに　およいで　る

가　사

やねより	야네요리
たかい	다카이
こいのぼり	고이노보리
おおきい	오오키이
まごいは	마고이와

おとうさん	오토오상
ちいない	치이사이
ひごいは	히고이와
こどもたち	고도모타치
おもしろそうに	오모시로소우니
およいでる	오요이데루

번역

지붕보다

높은

고이노보리

커다란

검은색 잉어는

아버지

작은

붉은색 잉어는

아이들

재미있는 듯

헤엄치고 있네

단어 · 어휘 · 문법

やねより(屋根より。 야네요리) → 屋根(지붕)＋より(보다) 〈지붕 보다〉

たかい(高い。 다카이) → 〈높다. 높은〉

こいのぼり(鯉登り。 고이 노보리) → 일종의 풍습. 〈고이 노보리〉

おおきい(大きい。 오오키이) → 〈크다. 커다란〉

まごいは(真鯉は。 마고이와) → まごい(몸 색깔이 검은 잉어)＋は(주격 조
　　사. 는) 〈검은색 잉어는〉

おとうさん(お父さん。 오토오상) → 〈아버지〉

ちいさい(小さい。 치이사이) → 〈작다. 작은〉

ひごいは(緋鯉は。 히고이와) → ひごい(몸 색깔이 붉은 잉어)＋は(주격 조
　　사. 는) 〈붉은색 잉어는〉

こどもたち(子供たち。 고도모타치) → 〈아이들. 어린이들〉

おもしろそうに(面白そうに。 오모시로소우니) → おもしろ(面白い－おもし
　　ろい。 오모시로이。 재미있다－의 연용형)＋そうに(～것처럼) 〈재미있
　　는 것처럼. 재미있는 듯이〉

およいでる(泳いでる。 오요이데루) → およいで(원형 泳ぐ－およぐ。 오요
　　그。 수영하다. 헤엄치다－의 연용형)＋る(「いる」－이루。 있다－의 축
　　약) 〈헤엄치고 있네〉

해   설

　일본에서는 5월 5일의 어린이날이 원래는 〈단오날〉이라 하여 남자아이들

의 축제날이었다고 합니다.

이 날이 되면 무사들의 집에서는 아들이 강하고 씩씩하게 자라나기를 기원하며 갑옷, 칼, 북 등을 장식했다고 하는데 그것에 반하여 〈고이노보리〉는 서민들 사이에 행해지고 있던 풍습이라고 할 수 있습니다.

〈고이〉는 도미를 말하며 〈노보리〉란 올린다는 뜻입니다. 즉 도미 형태로 만든 천을 긴 봉에 세네개 연이어 매달아 이것을 바깥의 높은 곳에 장식해 놓습니다. 때마침 바람이 불면 천들은 옆으로 날라 올라 마치 물 속에서 도미들이 헤엄치고 있는 듯 나부끼지요.

농촌에서는 마을 단위로 거대한 헝겊 도미를 만들어 논밭의 양쪽 길 등에 세워 두고 즐기고 있습니다.

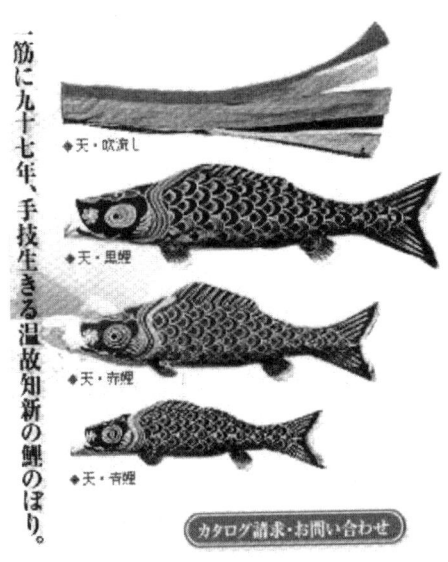

19. 冬景色 (겨울 풍경)

후유 게시키

作詞 · 作曲者 不詳

♩=120

1. さ ぎ り き ゆる みな とえ の ふ ね に
2. か ら す なき て き にた か く ひ と は

し ろし あ さの し も た だ みず とりの
は たに む ぎを ふ む げ に こは るびの

こ えはし て いまだ さ めず き しのい え
の どけし や かえり ざ きの は な もみ ゆ

さ霧 消ゆる	사기리 기유르
湊江の	미나토에노
舟に 白し	후네니 시로시
朝の 霜	아사노 시모
ただ 水鳥の	다다 미즈토리노

声は して　　　　　　고에와 시테
いまだ 覚めず　　　　이마다 사메즈
岸の 家　　　　　　　기시노 이에

鳥 啼きて　　　　　　카라스 나키테
木に 高く　　　　　　기니 다카크
人は 畑に　　　　　　히토와 하타니
麦を 踏む　　　　　　무기오 후무
げに 小春日の　　　　게니 고하루비노
のどけしや　　　　　노도케시야
かえり 咲きの　　　　가에리 사키노
花も 見ゆ　　　　　　하나모 미유

嵐 吹きて　　　　　　아라시 후키테
雲は 落ち　　　　　　구모와 오치
時雨 降りて　　　　　시구레 후리테
日は 暮れぬ　　　　　히와 구레누
若し 灯火の　　　　　모시 토모시비노
漏れ 来ずば　　　　　모레 고즈바
それと 分かじ　　　　소레토 와카지
野辺の 里　　　　　　노베노 사토

번 역

안개 걷히는

나룻터

배에 하얀

아침 서리 내리고

단지 물새

소리만 들리네

아직도 깨지 않은

해안의 집사람들

까마귀 울고

나무 높게

사람은 밭에서

보리를 밟는다

참으로 화창한 날

평화로움이요

다시 피어난

꽃도 보이네

폭풍우 불고

구름이 떨어져

비 내리고

날은 저물지 않는데

만일 불빛이

새어나오지 않으면

그곳에 집이 있는 것도 모르네

시골 마을

단어·어휘·문법

さ霧(さぎり。 사기리) → さ(문두에 붙는 접두어)＋霧(안개) 〈안개〉

消ゆる(きゆる。 키유르) → 消える(きえる。 키에르。 사라지다. 없어지다)
　　의 古語. 이곳에서는 연체형으로 쓰임. 〈사라지는〉

湊江の(みなとえの。 미나토에노) → 湊江(나룻터)＋の(격조사. 의) 〈나룻터의〉

舟に(ふねに。 후네니) → 舟(배)＋に(격조사. 에) 〈배에〉

白し(しろし。 시로시) → 白い(しろい。 시로이。 하얀)의 古語. 〈하얀〉

朝の(あさの。 아사노) → 朝(아침)＋の(격조사. 의) 〈아침의〉

霜(しも。 시모) → 〈서리〉

ただ(唯。 타다) → 〈단지. 오직〉

水鳥の(みずとりの。 미즈토리노) → 水鳥(물새)＋の(격조사. 의) 〈물새의〉

声はして(こえはして。 고에와시테) → 声(소리)＋は(계조사. ～만)＋して
　　(원형 する－스르。 하다－의 연용형) 〈소리만 들리네〉

いまだ(今だ。 이마다) → 〈아직〉

覚めず(さめず。 사메즈) → 覚め(원형 覚める－さめる。 사메르。 잠이 깨
　　다－의 연용형)＋ず(부정의 조동사) 〈깨지 않은〉

岸の家(きしのいえ。 기시노 이에) → 岸(해안. 해안가)＋の(격조사. 의)＋家
　　(집) 의역하여 〈해안의 집사람들〉

烏(からす。 카라스) → 〈까마귀〉

啼きて(なきて。 나키테) → 啼いている(ないている。 나이테 이르。 울고 있
　　다)의 古語. 〈울고〉

木に(きに。 기니) → 木(나무)＋に(격조사. 에) 〈나무에〉

高く(たかく。 다카크) → 원형 高い(たかい。 다카이。 높다)의 연용형. 〈높게〉

人は(ひとは。 히토와) → 人(사람)＋は(계조사. 은) 〈사람은〉

畑に(はたに。 하타니) → 畑(밭)＋に(격조사. 에서) 〈밭에서〉

麦を(むぎを。 무기오) → 麦(보리)＋を(목적격 조사.를) 〈보리를〉

踏む(ふむ。 후므) → 〈밟는다〉

げに(게니) → 実に(じつに。 지츠니。 실로。 정말로)의 古語. 〈실로. 정말로〉

小春日に(こはるびに。 고하르비니) → 小春日(화창한 날)＋に(격조사. 에)
　　〈화창한 날에〉

のどけしや(노도케시야) → 현대어로는 〈のどやかなことよ〉임. 〈평화로움이요〉

かえり咲きの(返りさきの。 가에리 사키노) → かえり(원형 返る－かえる。
　　가에르。 원상태로 돌아오다－의 연용형)＋咲き(원형 咲く－さく。 사
　　크。 피다－의 연용형)＋の(격조사. 의) 의역하여 〈다시 피어난〉

花も(はなも。 하나모) → 花(꽃)＋も(계조사. 도) 〈꽃도〉

見ゆ(みゆ。 미유) → 見える(みえる。 미에르。 보이다)의 古語. 〈보이네〉

嵐(あらし。 아라시) → 〈폭풍우〉

吹きて(ふきて。 후키테) → 吹いて(ふいて。 후이테。 불고)의 古語. 〈불고〉

雲は(くもは。 구모와) →雲(구름)＋は(계조사. 은) 〈구름은〉

落ち(おち。 오치) → 원형 落ちる(おちる。 오치르。 떨어지다)의 연용형.
　　〈떨어져〉

時雨(しぐれ。 시구레) → 늦가을에서 초겨울에 걸쳐 계속적으로 내리는 비
　　를 말함. 〈비〉

降りて(ふりて。 후리테) → 원형 降る(ふる。 후르。 내리다)의 연용형.

〈내리고〉

日は(ひは。 히와) → 日(날)+は(계조사. 은) 〈날은〉

暮れぬ(くれぬ。 구레누) → 暮れ(원형 暮る-くれる。 구레르。 저물다. 해
    가지다-의 연용형)+ぬ(부정의 조동사) 〈저물지 않는데〉

もし(若し。 모시) → 〈만약. 만일〉

灯火の(ともしびの。 토모시비노) → 灯火(불빛)+の(격조사. 의) 〈불빛이〉

漏れ来ずば(もれこずば。 모레코즈바) → 현대어는 漏れて来ないならば임.
    〈새어나오지 않으면〉

それと(소레토) → それ(그것)+と(~라고) 의역하여 〈그곳에 집이 있는 것도〉

分かじ(わかじ。 와카지) → 현대어 分からない。 〈모르네〉

野辺の(のべの。 노베노) → 野辺(시골 근처)+の(격조사. 의) 〈시골의〉

里(さと。 사토) → 〈마을〉

해   설

　일본의 저명한 국어 학자 金田一 春彦가 천황과 만난 자리에서 좋아하는
동요나 창가가 무엇인지를 물었다고 합니다. 천황은 「海」라고 대답하고 황후
는 「朧月夜」와 이곳에 실린 「冬景色」라고 하였다 합니다.

　1913년, 우리나라의 초등학교에 해당하는 「尋常小学唱歌(5)」의 음악 교과
서에 5학년 대상으로 실린 이 곡은 알기 쉬운 가사를 채용하라는 문부성 방
침에 따른 곡이라고 합니다만 현대의 초등학생들에게는 거의 알아듣기 어려
운 古語가 되어 버렸습니다.

　하지만 당시는 삼박자의 창가가 거의 없던 때라 이 곡이 참신한 이미지로
서 애창되었다고 합니다.

20. 夕焼け小焼け (저녁 노을)

유우야케 고야케

中村 雨紅 作詞
草川 信 作曲

夕焼け 小焼けで	유우야케 고야케데
日が 暮れて	히가 구레테
山の お寺の	야마노 오테라노
鐘が なる	가네가 나루

お手々 つないで	오테테 츠나이데
皆 かえろ	민나 가에로
烏と 一緒に	카라스토 잇쇼니
帰りましょう	가에리마쇼-
子供が 帰った	고도모가 가엣타
後からは	아토카라와
円い 大きな	마루이 오오키나
お月さま	오츠키사마
小鳥が 夢を	고토리가 유메오
見る 頃は	미루 고로와
空には きらきら	소라니와 키라키라
金の 星	킹노 호시

✒ 번 역

하늘이 빨갛게 물들어
날이 저물고
산 속의 절간에서
종이 울린다
손에 손을 잡고
다 들 돌아가자
까마귀와 함께
돌아 들 가요

아이들이 돌아간

뒤에는

둥그렇고 커다란

달님

작은 새가 꿈을

꿀 때쯤이면

하늘엔 반짝 반짝

금색 별

단어 · 어휘 · 문법

夕焼け小焼けで(ゆうやけこやけで。 유우야케 고야케데) → 夕焼け小焼け
(해길 무렵 서쪽 하늘이 빨갛게 물드는 현상, 일명 저녁 노을)＋で(격조
사) 〈하늘이 빨갛게 물들어〉

日が(ひが。 히가) → 日(날. 해)＋が(주격 조사. 이) 〈날이. 해가〉

暮れて(くれて。 구레테) → 원형 暮れる(くれる。 구레루。 저물다. 컴컴해
지다) 의 연용형. 〈컴컴해지고. 저물고〉

山の(やまの。 야마노) → 山(산. 산 속)＋の(격조사. 의) 〈산의 산 속의〉

お寺の(おてらの。 오테라노) → お(미화 접두어)＋寺(절. 절간)＋の(격조사.
의) 〈절의. 절간의〉

鐘が(かねが。 가네가) → 鐘(종)＋が(주격 조사. 이) 〈종이〉

なる(鳴る。 나루) → 〈소리가 나다〉

お手々(おてて。 오테테) → お(미화 접두어)＋手々(「手」의 어린이 말. 손)
〈손〉

つないで(繋いで。 츠나이데) → 繋ぐ(つなぐ。 츠나그。 연결하다. 끊어지
지 않게 하다)의 연용형. 〈잡고〉

皆(みんな。 민나) → 〈모두〉

かえろ(帰ろ。 가에로) → 원형 帰る(かえる。 가에루。 돌아가다)의 권유
형. 〈돌아가자〉

烏と(からすと。 카라스토) → 烏(까마귀)＋と(~와 함께) 〈까마귀와 함께〉

一緒に(いっしょに。 잇쇼니) → 〈함께〉

帰りましょう(かえりましょう。 가에리마쇼-) → 원형 帰る(かえる。 가에
루。 돌아가다)의 존칭어. 〈돌아갑시다〉

子供が(こどもが。 고도모가) → 子供(어린이. 아이들)＋が(주격 조사. 이)
〈아이들이〉

帰った(かえった。 가엣타) → 帰る(かえる。 가에루。 돌아가다)의 과거 연
체형. 〈돌아간〉

後からは(あとからは。 아토카라와) → 後(나중. 뒤)＋から(기점・출발을 나
타내는 격조사. ~부터)＋は(주격 조사. 는) 〈나중에는. 뒤에는〉

円い(まるい。 마루이) → 〈둥글다. 둥그런〉

大きな(おおきな。 오오키나) → 大きい(おおきい。 오오키이。 크다)의 연
체형. 〈커다란〉

お月さま(おつきさま。 오츠키사마) → お(미화 접두어)＋月(달)＋さま(사람
이름 등에 붙이는 존경어) 〈달님〉

小鳥が(ことりが。 고토리가) → 小鳥(작은새)＋が(주격 조사. 가) 〈작은 새
가〉

夢を(ゆめを。 유메오) → 夢(꿈)＋を(목적격 조사.을) 〈꿈을〉

見る頃は(みるころは。 미루코로와) → 見る(연체형. 볼)＋頃(즈음. 때)＋は
(주격 조사. 는) 〈(꿈을) 꿀 때 쯤이면〉

空には(そらには。 소라니와) → 空(하늘)＋に(격조사. 에)＋は(주격 조사.
    는) 〈하늘에는〉

きらきら(키라키라) → 〈반짝 반짝〉

金の(きんの。 킹노) → 金(금)＋の(주격 조사. 의) 〈금의〉

星(ほし。 호시) → 〈별〉

해   설

저녁 노을로 붉게 물든 산과 계곡, 평화롭고 아늑하기만 한 어릴 적 고향
의 추억이 작사가 中村 雨紅로 하여금 이 가사를 쓰게 된 동기였다고 합니다.

배경이 된 토지는 토오쿄오 八王市 교외인데 그 마을의 버스 정류장 이름
이 이 노래의 제목을 딴「夕焼け小焼け」라고 합니다.

21. 雪(눈)

유키

作詞·作曲者 不詳

♩ = 92

1. ゆ ー き や こ ん こ　あ ら れ や こ ん こ　ふ っ て は
2. ゆ ー き や こ ん こ　あ ら れ や こ ん こ　ふ っ て も

ふ っ て は ず ん ず ん つ も る　や ー ま も の は ら も
ふ っ て も ま だ ふ り や ま ぬ　い ー ぬ は よ ろ こ び

わ た ぼ う し か ぶ り　か れ き の こ ら ず は な が さ く
に わ か け ま わ り　ね こ は こ た つ で ま る く な る

👄 가 사

雪や こんこ	유키야 콩코
霰や こんこ	아라레야 콩코
降っては	훗테와
降っては	훗테와
ずんずん	즁즁

積もる　　　　　　　　　츠모르
山も 野原も　　　　　　야마모 노하라모
綿帽子　　　　　　　　　와타보-시
かぶり　　　　　　　　　가브리
枯木 残らず　　　　　　가레키 노코라즈
花が 咲く　　　　　　　하나가 사쿠

雪や こんこ　　　　　　유키야 콩코
霰や こんこ　　　　　　아라레야 콩코
降っても　　　　　　　　훗테모
降っても　　　　　　　　훗테모
まだ 降りやまぬ　　　　마다 후리야마누
犬は 喜び　　　　　　　이누와 요로코비
庭 駆け回り　　　　　　니와 가케마와리
猫は 燵で　　　　　　　네코와 고타츠데
丸く なる　　　　　　　마루크 나루

🇿 번 역

눈이 펄펄
우박이 펄펄
내리고
내려서
점점

쌓이네

산에도 벌판에도

솜 모자

뒤집어쓰고

마른 나무 모두

꽃이 폈네

눈이 펄펄

우박이 펄펄

내려도

내려도

아직 그치지 않네

개는 기뻐서

정원 뛰어 다니고

고양이는 고타츠에서

잠을 자네

단어 · 어휘 · 문법

雪や (ゆきや。 유키야) → 雪(눈)＋や(상대에게 말을 걸 때 쓰이는 계조사)
〈눈아〉

こんこ (콩코) → 「こんこん」의 줄임말. 눈이 많이 내리는 상태를 나타내는
의태어. 〈펄펄〉

霰 (あられ。 아라레) → 〈우박〉

降っては(ふっては。 훗테와) → ふって(원형 降る-ふる。 후루。 내리
　　　다-의 연용형)+は(계조사) 〈내려서는. 내리고는〉

ずんずん(증증) → 〈점점〉

積もる(つもる。 츠모르) → 〈쌓이다〉

山も(やまも。 야마모) → 山(산)+も(계조사. 도) 〈산도. 산에도〉

野原(のはら。 노하라) → 〈들판〉

綿帽子(わたぼうし。 와타 보우시) → 綿(솜)+帽子(모자) 〈솜모자〉

かぶり(被り。 가브리) → 원형 かぶる(被る。 가브르。 쓰다. 뒤집어 쓰다)
　　　의 연용형. 〈쓰고〉

枯木(かれき。 가레키) → 〈마른 나무〉

残らず(のこらず。 노코라즈) → 원형 残る(のこる。 노코루。 남다)의 미연
　　　형. (남지 않고) 의역하여 〈전부〉

花が(はなが。 하나가) → 花(꽃)+が(주격 조사. 이) 〈꽃이〉

咲く(さく。 사크) → 〈피다〉

まだ(未だ。 마다) → 〈아직〉

降りやまぬ(ふりやまぬ。 후리야마누) → 降り(원형 降る-ふる。 후르。
　　　내리다- 의 연용형)+やま(원형 止む-やむ。 야무。 그치다. 끝나다-
　　　의 미연형)+ぬ (부정의 의미를 내포하는 조동사) 〈(내리는 것이) 그치
　　　지 않다. 계속 내리다〉

犬は(いぬは。 이누와) →犬(개)+は(계조사. 는) 〈개는〉

喜び(よろこび。 요로코비) → 원형 喜ぶ(よろこぶ。 요로코브。 기뻐하다)
　　　의 연체형 〈기뻐하고. 기뻐서〉

庭(にわ。 니와) → 〈정원〉

駆け回り(かけまわり。 가케마와리) → 원형 駆け回る(이쪽 저쪽으로 뛰어
　　　다니다)의 연용형. 〈뛰어 다니고〉

猫は(ねこは。 네코와) → 猫(고양이)+は(계조사. 는) 〈고양이는〉

火燵で(こたつで。 고타츠데) → 火燵(일본 고유의 난로. 고타츠)+で(장소
를 나타내는 격조사.에서) 〈고타츠에서〉

丸くなる(まるくなる。 마루크나르) → 丸く(둥그렇게)+なる(~되다) (둥그
렇게 되다) 의역하여 〈잠자다〉

해   설

이 곡 역시 지금부터 90년 전인 1911년, 초등학교 2학년을 대상으로 발표
된 오래된 노래입니다. 그러나 경쾌한 템포로 인해 남녀노소를 막론하고 아직
도 애창되고 있는 곡 중의 하나입니다.

특히 겨울이 되면 석유를 파는 가솔린 스탠드의 이동 판매 차량에서는 언
제나 이 노래가 흘러 나와 석유를 사려고 기다리고 있던 주부들의 귀를 즐겁
게 하고 있답니다.

22. もみじ(단풍)

모미지

高野 辰之 作詞

岡野 貞一 作曲

1. あきのゆうひに てるーやま もみーじ
2. たにのながれに ちりーうく もみーじ

こいもうすいも かずーある なかに
なみにゆられて はなーれて よって

まつをいろどる かえーで やーつたは
あかやきいろの いろーさまーざまに

やまのふもとの すそーもよーうき
みずのうえにも おるーにしーき

가 사

秋の 夕日に	아키노 유우히니
照る	테르

- 139 -

山 もみじ	야마 모미지
濃いも 薄いも	고이모 우스이모
数ある 中に	가즈아르 나카니
松を	마츠오
色どる	이로도르
かえでや つたは	가에데야 츠타와
山の	야마노
ふもとの	후모토노
裾 もよう	스소 모요우
渓の 流れに	다니노 나가레니
散り 浮く	치리 우크
もみじ	모미지
波に ゆられて	나미니 유라레테
離れてよって	하나레테욧테
赤や	아카야
黄色の	기이로노
色 さまざまに	이로 사마자마니
水の	미즈노
上にも	우에니모
織る 錦	오르 니시키

번 역

가을 저녁에
빛나는
산 단풍
진한 것도 연한 것도
많이 있는 것 중에
소나무를
채색하는
단풍나무와 담쟁이 넝쿨은
산
기슭의
소매 모양

계곡의 물결에
흩어져 떠있는
단풍
물결에 흔들려
저리가요 라고
빨강이랑
노랑색
여러 색깔로
물
위에도
수놓인 비단

단어 · 어휘 · 문법

秋の(あきの。 아키노) → 秋(가을)＋の(격조사. 의) 〈가을의〉

夕日に(ゆうひに。 유우히니) → 夕日(저녁 해. 저녁 햇살)＋に(격조사. 에)
    〈저녁 햇살에. 저녁에〉

照る(てる。 테루) → (빛나다. 찬란하다) 이곳에서는 연체형으로 쓰임. 〈빛
    나는〉

山もみじ(やまもみじ。 야마모미지) → 山(산)＋もみじ(단풍) 〈산 단풍〉

濃いも(こいも。 고이모) → 濃い(진하다. 이곳에서는 명사형으로 쓰임)＋も
    (계조사. 도) 〈진한 것도〉

薄いも(うすいも。 우스이모) → 薄い(흐리다. 연하다. 이곳에서는 명사형으
    로 쓰임)＋も(계조사) 〈연한 것도〉

数ある(かずある。 가즈아르) → 数(수. 분량. 종류)＋ある(있다) 〈(종류가)
    많이 있다〉

中に(なかに。 나카니) → 中(속. ~중)＋に(격조사) 〈중에서〉

松を(まつを。 마츠오) → 松(소나무)＋を(목적격 조사.를) 〈소나무를〉

色どる(いろどる。 이로도루) → (물들이다. 채색하다) 이곳에서는 연체형으
    로 쓰임. 〈물들이는. 채색하는〉

かえでや(가에데야) → かえで(단풍 나무)＋や(병렬형 격조사. 와) 〈단풍
    나무와〉

つたは(츠타와) → つた(담쟁이 넝쿨)＋は(계조사. 은) 〈담쟁이 넝쿨은〉

ふもとの(麓の。 후모토노) → ふもと(기슭)＋の(격조사. 의) 〈기슭의〉

裾(すそ。 스소) → 〈소매〉

もよう(模様。 모요오) → 〈모양. 무늬〉

渓の(たにの。 다니노) → 渓(계곡)+の(격조사. 의) 〈계곡의〉

流れに(ながれに。 나가레니) → 流れ(흐름.물결)+に(격조사. 에) 〈흐름에. 물결에〉

散り浮く(ちりうく。 치리우크) → 〈흩어져 떠있는〉

波に(なみに。 나미니) → 波(물결)+に(격조사. 에) 〈물결에〉

ゆられて(揺られて。 유라레테) → 원형 揺れる(ゆれる。 유레루。 흔들리다)의 수동 연용형. 〈흔들려〉

離れてよって(はなれてよ。 하나레테요) → 離れて(원형 離れる－はなれる。 하나레루。 떨어지다. 헤어지다－의 연용형)+よ(종조사)+って(앞 문장의 내용을 나타내는 격조사. ～라고) (떨어져요 라고) 의역하여 〈저만치가요 라고. 저리가요 라고〉

赤や(あかや。 아카야) →赤(빨강. 빨간색)+や(나열형 격조사) 〈빨강이랑. 빨강이나〉

黄色の(きいろの。 기이로노) → 黄色(노랑. 노란색)+の(격조사) 〈노랑의. 노랑색의〉

色(いろ。 이로) → 〈색. 색깔〉

さまざまに(様々に。 사마자마니) → (여러가지로) 의역하여 〈여러 색깔로〉

水の(みずの。 미즈노) → 水(물)+の(격조사. 의) 〈물의〉

上にも(うえにも。 우에니모) → 上(위)+に(장소를 나타내는 격조사. 에)+も(계조사. 도) 〈위에도〉

織る(おる。 오르) → (천을 짜다. 천을 만들다) 이곳에서는 「錦」를 수식 하는 연체형으로 쓰임. 의역하여 〈수놓인〉

錦(にしき。 니시키) → 〈비단〉

해 설

1911년에 초등학교 2학년 대상으로 발표된 곡입니다. 「赤とんぼ」외 동요, 창가의 수많은 명곡을 남기고 있는 山田 耕作가 〈악센트가 정렬된 명곡〉이라며 극찬한 곡이라고 합니다.

高野 辰之·岡野 貞一콤비의 작품이라고 기록되어 있으나 그것을 증명할 자료가 아직 발견되지 않은 상태라고 합니다.

23. 旅愁(여수)

료슈-

犬童 球渓 作詞
オードウェイ 作曲

Moderato

ふけゆく　あきのよ　たびのそらーの

わびしき　おもいに　ひとりなやむ　*Fine*

こいしや　ふるさと　なつかしちーちは　は

ゆめじに　たどるは　さとのいえじ　*D.C.*

가　　사

ふけゆく	후케유크
秋の夜	아키노요
旅の 空の	다비노 소라노

わびしき	와비시키
思いに	오모이니
ひとり 悩む	히토리 나야무
恋しや	고이시야
ふるさと	후르사토
なつかし	나츠카시
父母	치치하하
夢路に	유메지니
たどるは	다도르와
故郷の 家路	사토노 이에지
ふけゆく	후케유크
秋の 夜	아키노 요
旅の 空の	다비노 소라노
わびしき	와비시키
思いに	오모이니
ひとり 悩む	히토리 나야무
窓打つ	마도우츠
嵐に	아라시니
夢も やぶれ	유메모 야부레
はるけき	하루케키
かなたに	가나타니
こころ 迷う	고코로 마요우
恋しや	고이시야
ふるさと	후르사토
なつかし	나츠카시

父母	치치하하
思いに	오모이니
浮かぶは	우카브와
森の こずえ	모리노 고즈에
窓打つ	마도우츠
嵐に	아라시니
夢も やぶれ	유메모 야브레
はるけき	하르케키
かなたに	가나타니
こころ 迷う	고코로 마요우

번 역

저물어 가는
가을 밤
방랑의 하늘의
외로운
생각에
혼자서 괴로워하네
사랑하는
고향
그리운
부모
꿈길에서

찾는 곳은
고향의 집길
저물어 가는
가을 밤
방랑의 하늘에
외로운
생각에
혼자 괴로워 하네

창문 때리는
폭풍우에
꿈도 깨지고
아득한
저곳에
마음 방황하네
사랑하는
고향
그리운
부모
생각에
떠오르는 것은
숲의 모습
창문 때리는
폭풍우에
꿈도 깨지고
저

먼 곳에

마음 방황하네

단어 · 어휘 · 문법

ふけゆく(深け行く。 후케유크) → ふけ(원형 深ける-ふける。 후케르。 깊어지다-의 연용형. 깊어)+ゆく(가다) (깊어 가다) 이곳에서는 「秋の 夜」를 수식하는 연체형으로 쓰임.〈깊어 가는〉

秋の夜(あきのよ。 아키노요) → 秋(가을)+の(격조사. 의)+夜(밤)〈가 을 밤〉

たびの(たびの。 다비노) → 旅(여행. 방랑)+の(격조사. 의)〈여행의. 방랑의〉

空の(そらの。 소라노) → 空(하늘)+の(격조사. 의)〈하늘의〉

わびしき(侘しき。 와비시키) → 侘しい(わびしい。 와비시이。 쓸쓸하다. 적적하다. 외롭다)의 문어체.〈외로운〉

思いに(おもいに。 오모이니) → 思い(생각. 상념)+に(격조사. 에)〈생각에〉

ひとり(一人。 히토리) → 〈혼자〉

悩む(なやむ。 나야무) → 〈고민하다. 괴로워하다. 번민하다〉

恋しや(こいしや。 고이시야) → 恋し(생각나는. 간절한. 사랑하는)+や(영 탄의 말)〈사랑하는〉

ふるさと(故郷。 후르사토) → 〈고향〉

なつかしい(懐かしい。 나츠카시이) → 〈그립다. 그리운〉

父母(ちちはは。 치치하하) → 〈아버지 어머니〉

夢路に(ゆめじに。 유메지니) → 夢路(꿈길)+に(격조사. 에. 에서)〈꿈길 에서〉

たどるは (辿どるは。 다도르와) → たどる(찾아가다)+は(계조사) 〈찾아가는 곳은. 찾는 곳은〉

家路 (いえじ。 이에지) → 〈집 (으로 가는) 길〉

窓 (まど。 마도) → 〈창. 창문〉

打つ (うつ。 우츠) → (때리다. 두드리다) 이곳에서는 연체형으로 쓰임. 〈두드리는. 때리는〉

嵐に (あらしに。 아라시니) → 嵐(폭풍우. 비바람)+に(격조사. 에) 〈폭풍우에. 비바람에〉

夢も (ゆめも。 유메모) → 夢(꿈)+も(계조사. 도) 〈꿈도〉

やぶれ (破れ。 야브레) → 원형 破れる(やぶれる。 야브레루. 부서지다. 깨어지다)의 연용형. 〈깨어지고〉

はるけき (하르케키) → はるけし(먼. 아득한)의 문어체. 〈먼. 아득한〉

かなたに (彼方に。 가나타니) → かなた(먼 저쪽)+に(격조사. 에) 〈저쪽에〉

こころ (心。 고코로) → 〈마음〉

迷う (まよう。 마요우) → 〈방황하다〉

浮かぶは (うかぶは。 우카브와) → 浮かぶ(생각나다. 떠오르다)+は(계조사) 〈생각나는 것은. 떠오르는 것은〉

森の (もりの。 모리노) → 森(숲)+の(격조사. 의) 〈숲의. 숲속의〉

こずえ (梢。 고즈에) → 〈나무 기둥. 나뭇가지〉

해 설

1908년 「중등 교육 창가집」에 수록 된 이 노래는 우리나라에서도 〈여수〉라는 제목으로 널리 애창되고 있는 곡입니다.

　　원래 이 曲은 여러분들도 잘 아시다시피 미국의 오도웨이 작곡의
「Dreaming of Home and Mother」입니다. 원곡이 〈집과 어머니를 그리는〉내
용인 것과 같이 작사가 犬童 球渓도 九州의 고향을 그리며 이 가사를 썼다고
합니다.

24. ペチカ(벽 난로)

페치카

北原 白秋 作詞

山田 耕筰 作曲

1.~5.ゆきのふるよは　　たのしいペチカ　　ペチカもえろよ

お	は	な	じ	し	し	ま	しょ
お	も	き	て	は	は	る	かき	き
じ	だ	れ	だ	か	き	ま	ます
お	は	な	し	し	ま	しょ

む	か	し	む	か	しー	よ
く	い	し	や	に	やーと
む	く	や	さ	まな	ぎーも
お	きゃ	く	さ	まで	ーしょ
ひ	の	こ	パ	チ	パーチ

も	え	ろ	よ	ペ	チ	カ	カ
よ	ろ	ま	し	ペ	チ	カ	カ
よ	び	え	ろ	ペ	チ	カ	カ
も	え	れ	し	ペ	チ	カ	カ
う	は	ね	ろ	ペ	チ	ペ	チ

가 사

雪の降る	유키노 후르
夜は	요와
樂しい	다노시이
ペチカ	페치카
ペチカ	페치카
燃えろよ	모에로요
お話しましょ	오하나시시마쇼

昔 むかしよ	무카시 무카시요
燃えろよ	모에로요
ペチカ	페치카
雪の 降る	유키노 후르
夜は	요와
樂しい	다노시이
ペチカ	페치카
ペチカ	페치카
燃えろよ	모에로요
おもては 寒い	오모테와 사무이
くりや くりやと	구리야 구리야토
呼びます	요비마스
ペチカ	페치카
雪の 降る	유키노 후르
夜は	요와
樂しい	다노시이
ペチカ	페치카
ペチカ	페치카
燃えろよ	모에로요
じき 春きます	지키 하르기마스
いまに 柳も	이마니 야나기모
もえましょ	모에마쇼
ペチカ	페치카

雪の 降る	유키노 후르
夜は	요와
樂しい	다노시이
ペチカ	페치카
ペチカ	페치카
燃えろよ	모에로요
だれだかか 来ます	다레다카 기마스
お客さまでしょ	오캬크사마데쇼
うれしい	우레시이
ペチカ	페치카

雪の 降る	유키노 후르
夜は	요와
樂しい	다노시이
ペチカ	페치카
ペチカ	페치카
燃えろよ	모에로요
お話しましょ	오하나시시마쇼
火の粉 パチパチ	히노코 파치파치
はねろ	하네로
ペチカ	페치카

번 역

눈 내리는
밤에는
즐거운
페치카
페치카
훨훨 타라
이야기해요
옛날 옛날 이야기를요
타올라라
페치카

눈 내리는
밤에는
즐거운
페치카
페치카
훨훨 타라
밖은 춥다
부엌 부엌이라고
부릅니다
페치카

눈 내리는

밤에는

즐거운

페치카

페치카

훨훨 타라

바로 봄이 와요

금방 버들가지도

싹이 돋을 겁니다

페치카

눈 내리는

밤에는

즐거운

페치카

페치카

훨훨 타라

누군가가 옵니다

손님이겠지요

기쁜

페치카

눈 내리는

밤에는

즐거운

페치카

페치카

훨훨 타라

이야기해요

불가루 뿌지직 뿌지직

튀어라

페치카

단어 · 어휘 · 문법

雪の(ゆきの。 유키노) → 雪(눈)＋の(격조사. 이) 〈눈이〉

降る(ふる。 후르) → (내리다) 이곳에서는 연체형으로 쓰이고 있음. 〈내리는〉

夜は(よは。 요와) → 夜(밤)＋は(계조사) 〈밤은. 밤에는〉

樂しい(たのしい。 다노시이) → 〈신나는. 즐거운〉

ペチカ(ぺちかる 페치카) → 〈벽난로〉

燃えろよ(もえろよ。 모에로요) → 燃えろ(원형 燃える―もえる。 모에르。
　　타오르다. 훨훨 타다―의 명령형)＋よ(종조사) 〈훨훨 타라〉

お話(おはなし。 오하나시) → お(미화 접두어)＋話(말. 이야기)
　　〈말. 이야기. 얘기〉

しましょ(시마쇼) → 「しましょう」의 줄임말. 〈합시다〉

昔(むかし。 무카시) → 〈옛날〉

おもては(表は。 오모테와) → おもて(밖)＋は(계조사. 은) 〈밖은〉

寒い(さむい。 사무이) → 〈춥다〉

くりやと(구리야토) → くりや(「台所」의 古어. 부엌)＋と(～라고) 〈부엌

이라고〉

呼びます(よびます。 요비마스) → 원형 呼ぶ(よぶ。 요부。 부르다)의 존경
어. 〈부릅니다〉

じき(지키) → 〈금방. 바로〉

春(はる。 하르) → 〈봄〉

来ます(きます。 기마스) → 원형 来る(くる。 구르。 오다)의 존경어.
〈옵니다〉

いまに(今に。 이마니) → 〈금방. 바로〉

やなぎも(柳も 야나기모) → やなき(버드나무)+も(계조사. 도) 〈버드나무도〉

もえましょ(萌えましょ。 모에마쇼) → 「もえましょう」의 줄임말. 〈싹이 돋
을 겁니다. 싹이 날 겁니다〉

だれだか(誰だか。 다레다카) → だれ(누구)+だ(조종사)+か(의문의 종지
형) 〈누군가가〉

お客さまでしょ(おきゃくさまでしょ。 오캬크 사마데쇼) → お(미화 접두
어)+客(손님)+さま(호칭 뒤에 붙어 존경의 의미를 나타냄)+でしょ
(「でしょう」의 줄임말) 〈손님이겠지요〉

うれしい(嬉しい。 우레시이) → 〈기쁜. 즐거운〉

火の粉(ひのこ。 히노코) → 火(불)+の(격조사. 의)+粉(가루. 분말) 〈불꽃〉

パチパチ(ぱちぱち。 파치파치) → 불이 타오를 때 나는 의성어. 〈뿌지직 뿌
지직〉

はねろ(跳ねろ。 하네로) → 원형 跳ねる(はねる。 하네르。 튀다)의 명령
어. 〈튀어라〉

해 설

일본의 유명한 시인 北原 白秋와 명곡 만들기의 명인 山田 耕筰에 의한 1882년도 작품입니다.

당시 만주로 이주하여 살고 있는 일본인들이 무척 많이 있었는데 이 곡은 〈남 만주 교육회 교과서 편집부〉의 의뢰에 의해 만들어진 것이라 합니다.

〈페치카〉라고 하는 만주 지역 특유의 난로에 모여 앉아 추운 겨울을 보내는 당시 일본인들의 마음이 선명히 그려져 있는 곡이라 할 수 있겠습니다.

25. しゃぼん玉 (비누 방울)

샤본 다마

野口 雨情 作詞
中山 晋平 作曲

가 사

しゃぼん玉	샤본다마
とんだ	톤다
屋根まで	야네마데

とんだ	톤다
屋根まで	야네마데
とんで	톤데
こわれて	고와레테
消えた	키에타
しゃぼん玉	샤본다마
消えた	키에타
飛ばずに	토바즈니
消えた	키에타
うまれて	우마레테
すぐに	스그니
こわれて	고와레테
消えた	키에타
風 風	가제 가제
吹くな	후크나
しゃぼん玉	샤본다마
とばそ	토바소

번 역

비누 방울
나른다
지붕까지

나른다

지붕까지

날라서

깨져

없어졌다

비누 방울

깨졌다

나르지 않고

깨졌다

태어나서

바로

깨어져

없어졌다

바람 바람

불지마

비누 방울

날리자

단어 · 어휘 · 문법

しゃぼん玉(しゃぼんだま。 샤본다마) → 〈비누 방울〉

とんだ(飛んだ。 톤다) → 원형 飛ぶ(とぶ。 토브。 나르다)의 현재 완료 연
   용형. 〈날랐다. 나른다〉

屋根まで(やねまで。 야네마데) → 屋根(지붕)＋まで(까지) 〈지붕까지〉

とんで(飛んで。 톤데) → 원형 飛ぶ(とぶ。 토브。 나르다)의 연용형. 〈날
　　라서〉

こわれて(壊れて。 고와레테) → 원형 壊れる(こわれる。 고와레르。 부서
　　지다. 망가지다. 깨지다)의 연용형. 〈깨져〉

消えた(きえた。 기에타) → 원형 消える(きえる。 기에르。 사라지다. 없어
　　지다)의 현재 완료 연용형. 〈없어졌다〉

飛ばずに(とばずに。 토바즈니) → 飛ば(원형 飛ぶ—とぶ。 토브。 나르다—
　　의 미연형. 나르지)＋ず(부정의 조동사)＋に(격조사) 〈나르지 못하고〉

うまれて(生まれて。 우마레테) → 원형 生まれる(うまれる。 우마레르。
　　태어나다. 갓 나다. 갓 생기다)의 연용형. 〈태어나서〉

すぐに(스구니) → 〈바로. 금방〉

風(かぜ。 가제) → 〈바람〉

吹くな(ふくな。 후크나) → 吹く(불다)＋な(금지의 의미를 지닌 종조사)
　　〈불지 마라〉

とばそ(飛ばそ。 토바소) → 「とばそう」의 줄임말. 〈날리자〉

해   설

　　이 곡의 가사는 민주주의자와 무정부주의자의 활발한 움직임이 사회적으로
왕성하게 두각 되었던 일본 大正時代(1912년 7월 大正천황 등위로부터 昭和
천황이 등위 하던 1926년 12월까지의 기간을 일컬음)를 풍자한 시인 野口
雨情가 만들었습니다.

그의 詩에는 가난한 농부의 딸과 창부 등을 노래한 詩가 많습니다. 그로 인해 이 가사 역시 운명에 좌절하여 절망적인 삶을 살고 있는 창부를 그린 작품이라고 하는 설도 있습니다. 실제로 애절한 분위기를 담은 느린 템포로 술집 등에서 불려지고 있다고 합니다.

하지만 그가 이 곡을 작사한 것은 1921년, 귀여워하던 친구의 아들이 병사했다는 소식을 듣고 그 슬픔을 노래한 것이라고 합니다.

26. めだかの学校 (올챙이 학교)

메다카노 갓코오

茶木 滋 作詞
中田 喜直 作曲

가 사

めだかの	메다카노
学校は	갓코오와
川の 中	가와노 나카
そっと	솟토

のぞいて	노조이테
みてごらん	미테고랑
そっと	솟토
のぞいて	노조이테
みてごらん	미테고랑
みんなで	민나데
おゆうぎ	오유-기
しているよ	시테이르요

めだかの	메다카노
学校の	갓코오노
めだかたち	메다카타치
だれが	다레가
生徒か	세이토카
先生か	센세-카
だれが	다레가
生徒か	세이토카
先生か	센세-카
みんなで	민나데
げんきに	겡키니
あそんでる	아손데르

めだかの	메다카노
学校は	갓코오와
うれしそう	우레시소오
水に	미즈니

ながれて	나가레테
つ―いつい	츠이츠이
水に	미즈니
ながれて	나가레테
つ―いつい	츠이츠이
みんなが	민나가
そろって	소롯테
つ―いつい	츠이츠이

번역

올챙이의
학교는
강물 속
가만히
들여다
보아요
가만히
들여다
보아요
모두가
무용을
하고 있어요

올챙이의

학교의

올챙이들

누가

학생인가

선생님인가

누가

학생인가

선생님인가

모두가

건강하게

놀고 있네

올챙이의

학교는

즐거운 것 같아

물살에

흘러가며

츠 츠 츠

물살에

흘러가며

츠 츠 츠

모두가

다 함께

츠 츠 츠

단어 · 어휘 · 문법

めだかの(메다카노) → めだか(올챙이)+の(격조사. 의) 〈올챙이의〉

学校は(がっこうは. 갓코오와) → 学校(학교)+は(계조사. 는) 〈학교는〉

川のなか(かわの中. 가와노 나카) → 川(강)+の(격조사. 의)+中(속. 안)
〈강물 속〉

そっと(솟토) → 동작을 소리내지 않고 조용하게 하는 상태. 〈조용히. 가
만히〉

のぞいて(覗いて. 노조이테) → 원형 覗く(のぞく. 노조크. 들여다 보
다)의 연용형. 〈들여다〉

みてごらん(見てご覧. 미테고랑) → みて(원형 見る−みる. 미르. 보
다−의 연용형)+ごらん(「見る」의 존경어) 〈봐 보아요. 보아요〉

みんなで(皆で. 민나데) → みんな(모두)+で(격조사) 〈모두다. 모두가〉

おゆうぎ(お遊戯. 오유우기) → お(미화 접두어)+ゆうぎ(어린이들이 몸을
움직여 하는 놀이나 무용) 〈무용〉

しているよ(시테이르요) →して(원형 する−스르. 하다−의 연용형)+いる
(있다)+よ(종조사) 〈하고 있어요〉

だれが(誰が. 다레가) → だれ(누구)+が(주격 조사. 가) 〈누구가. 누가〉

生徒か(せいとか. 세이토카) → 生徒(생도. 학생)+か(의문의 뜻을 갖는 종
조사) 〈학생인가〉

先生か(せんせいか. 센세−카) → 先生(선생님)+か(의문의 종조사) 〈선생
님인가〉

げんきに(元気に. 겡키니) → げんき(건강)+に(격조사) 〈건강하게〉

あそんでる(遊んでる. 아손데르) → あそんで(원형 遊ぶ−あそぶ. 아소

브。 놀다－의 연용형)＋る(「いる」의 줄임말) 〈놀고 있다. 놀고 있네〉

うれしそう(嬉しそう。 우레시소우) → 원형 嬉しい(うれしい。 우레시이。
　　기쁘다. 반갑다. 즐겁다)의 연용형. 〈기쁜것 같다. 반가운것 같다. 즐거운
　　것 같다〉

水に(みずに。 미즈니) → 水(물. 물결. 물살)＋に(격조사) 〈물살에〉

ながれて(流れて。 나가레테) → 원형 流れる(ながれる。 나가레르。 흐르
　　다. 흘러가다)의 연용형. 〈흘러가며〉

ついつい(츠이츠이) → 올챙이 소리의 의성어. 〈츠 츠〉

そろって(揃って。) → 원형 揃う(そろう。 소로으。 정리된 상태. 정렬하
　　다. 모이다)의 연용형. 의역하여 〈다함께〉

🔍 해   설

　세살 난 아들과 집 근처(神奈川県 小田原市의 교외)를 거닐다가 냇물 속
에 떼 지어 몰려다니는 올챙이 무리를 보고 신기한 듯 좋아하던 아들과의 대
화에서 힌트를 얻었다고 작사가 茶木滋는 말합니다.

　NHK의 동요 담당자로부터 작사 의뢰를 받은 다음 해, 당시 신진 작곡가
였던 中田 喜直씨의 멜로디로 이 곡이 전파를 타게 된 것은 1952년입니다.

　일약 힛트 송이 된 이 노래는 일본의 콜롬비아 음반 회사에서 레코드화됨
과 동시에 1953년 문부대신(장관)상을 받았습니다.

27. 雪の降る町を

유키노 후르 마치오

(눈 내리는 거리를)

内村 直也 作詞
中田 喜直 作曲

雪の 降る   유키노 후르

町を	마치오
雪の 降る	유키노 후르
町を	마치오
思い出 だけが	오모이데 다케가
通り	토오리
過ぎて ゆく	스기테 유크
雪の 降る	유키노 후르
町を	마치오
遠い	토오이
国から	쿠니카라
落ちて くる	오치테 구르
この	고노
思い出を	오모이데오
この	고노
思い出を	오모이데오
いつの 日か	이츠노 히카
つつまん	츠츠망
あたたかき	아타타카키
幸福の	시아와세노
ほほえみ	호호에미
雪の 降る	유키노 후르
町を	마치오
雪の 降る	유키노 후르
町を	마치오
足音 だけが	아시오토 다케가

追い掛けて	오이카케테
ゆく	유크
雪の 降る	유키노 후르
町を	마치오
一人 心に	히토리 고코로니
満ちて くる	미치테 구르
この	고노
哀しみを	가나시미오
いつの日か	이츠노 히카
解さん	호구상
緑なす	미도리나스
春の 日の	하루노 히노
そよかぜ	소요카제
雪の 降る	유키노 후르
町を	마치오
雪の 降る	유키노 후르
町を	마치오
息吹と ともに	이부키토 토모니
こみあげて	고미아게테
くる	구르
雪の 降る	유키노 후르
町を	마치오
だれも	다레모
分からぬ	와카라누
わが 心	와가 고코로

この	고노
空しさを	무나시사오
いつの日か	이츠노히카
祈らん	이노랑
新しき	아타라시키
光 ふる	히카리 후르
鐘の 音	가네노 네

번 역

눈 내리는
거리를
눈 내리는
거리를
추억만이
스쳐 지나
가네
눈 내리는
거리를
머언
곳에서
내려오네
이
추억을

이
추억을
언젠가
감싸주겠지
따뜻한
행복의
미소

눈 내리는
거리를
눈 내리는
거리를
발소리만이
뒤 따라
가네
눈 내리는
거리를
외로움이
몰려오네
이
슬픔을
언젠가
풀어 주겠지
녹음 우거지는
봄날의
산들 바람

눈 내리는

거리를

눈 내리는

거리를

숨소리와 함께

북 받쳐

오네

눈 내리는

거리를

그 누구도

모르는

내 마음

이

허무함을

언젠가

축복해 주겠지

희망찬

빛 비추는

종 소리

단어 · 어휘 · 문법

雪の(ゆきの。 유키노) → 雪(눈) +の(격조사. 가) 〈눈이. 눈〉

降る(ふる。 후르) → (내리다) 이곳에서는 연체형으로 쓰이고 있음. 〈내리

는〉

町を(まちを。 마치오) → 町(마을. 거리)+を(목적격 조사. 를) 〈거리를〉

思い出(おもいで。 오모이데) → 〈추억〉

だけが(다케가) → 〈~만이〉

通り過ぎてゆく(とおりすぎて行く。 토오리 스기테 유크) → 通り(원형 通る—とおる。 토오르。 통과하다. 지나가다—의 연용형)+過ぎて(원형 過ぎる—すぎる。 스기르。 지나치다—의 연용형)+ゆく(가다) 〈스쳐 지나가다〉

遠い(とおい。 토오이) → 〈멀다. 먼〉

国から(くにから。 쿠니카라) → 国(나라)+から(출발・시점을 나타내는 격조사. ~부터) 의역하여 〈(먼) 곳에서(부터)〉

落ちてくる(おちてくる。 오치테 구르) → 落ちて(원형 落ちる—おちる。 오치르。 떨어지다. 내리다—의 연용형)+くる(오다. 온다) 〈떨어져 온다. 내려 온다〉

この(고노) → 〈이〉

いつの日か(いつのひか。 이츠노 히카) → 〈언젠가〉

包まん(つつまん。 츠츠망) → 包ま(원형 包む—つつむ。 츠츠무。 감싸다. 싸 안다—의 미연형)+ん(古어. 불확실한 사실을 추량・추측하여 말함) 〈감싸 주겠지〉

あたたかき(暖かき。 아타타카키) → 「あたたかい」의 古어. 〈따뜻한〉

幸福の(しあわせの。 시아와세노) → 幸福(「고우후크」라고 읽으나 이곳에서는 「시아와세」라고 발음함. 행복)+の(격조사. 의) 〈행복의〉

ほほえみ(微笑み。 호호에미) → 〈미소〉

足音(あしおと。 아시오토) → 〈발자국 소리. 발소리〉

追い掛けてゆく(おいかけてゆく。 오이카케테 유크) → 追い掛けて(원형 追

い掛ける。—おいかける。 오이카케루。 뒤쫓다. 따라잡다—의 연용형)+ゆく(가다)〈뒤따라 가다〉

一人心に(ひとりこころに。 히토리 고코로니) → 一人(혼자. 홀로)+心(마음)+に(격조사) 의역하여 〈외로움이〉

満ちてくる(みちてくる。 미치테 구르) → 満ちて(원형 満ちる—みちる。 미치르。 넘치다. 가득차다—의 연용형)+くる(오다. 온다) 의역하여 〈몰려 오네〉

哀しみを(かなしみを。 가나시미오) → 哀しみ(괴로움. 슬픔)+を(목적격 조사. 을)〈슬픔을〉

解さん(ほぐさん。 호구상) → 解さ(원형 解す—ほぐす。 호구스。 풀다. 완화시키다—의 미연형)+ん(추량・추측의 의미를 내포하는 조동사. 古語)〈풀어 주겠지〉

緑なす(みどりなす。 미도리 나스) → 緑(초록. 푸르름. 녹음)+なす(이루다. 구성하다. 행하다. 이곳에서는 연체형으로 쓰임)〈녹음 우거지는〉

春の日の(はるのひの。 하루노 히노) → 春(봄)+の(격조사. 의)+日(일. 날)+の (격조사. 의)〈봄날의〉

そよかぜ(そよ風。 소요카제) →〈산들 바람〉

息吹と(いぶきと。 이부키토) → 息吹(호흡. 숨소리)+と(～하고)〈숨소리와〉

ともに(共に。 토모니) →〈함께〉

こみあげてくる(込みよげて来る 고미아게테 구르) → こみあげて(원형 込みよげる—こみあげる。 고미아게루。 복받치다—의 연용형)+くる(오다)〈복받쳐 오네〉

だれも(誰も。 다레모) → 誰(누구)+も(계조사. 도)〈(그) 누구도〉

分からぬ(わからぬ。 와카라누) → 分から(원형 分かる—わかる。 와카루。 알다. 이해하다—의 미연형)+ぬ(부정의 의미를 갖는 조동사)〈모르는〉

わが心(わがこころ。 와가 고코로) → わが(내. 나의)+心(마음) 〈내 마음〉

空しさを(むなしさを。 무나시사오) → 空しさ(쓸쓸함. 공허함)+を(목적격
조사. 을) 〈공허함을〉

祈らん(いのらん。 이노랑) → 祈ら(원형 祈る-いのる。 이노루。 빌다. 축
원하다. 축복하다-의 미연형)+ん(추측·추량의 古語) 〈축복해 주겠지〉

新しき(あたらしき。 아타라시키) → 「新しい」의 문어체. 〈새로운. 희망찬〉

光(ひかり。 히카리) → 〈빛. 광명〉

ふる(降る。 후르) → (내리다. 쏟아지다) 이곳에서는 연체형으로 쓰임.
의역하여 〈비추는〉

鐘の音(かねのね。 가네노네) → 鐘(종)+の(격조사. 의)+音(소리) 〈종소리〉

해   설

1950년부터 3년 동안 청취율 50프로의 인기 라디오 드라마 「에리코와 함
께」가 있었는데 당시 생방송이었던 관계로 시간에 맞추어서 끝낼 수 없다는
애로로부터 착안된 것이 노래를 삽입한다는 아이디어였다고 합니다.

그래서 만들어진 이 노래는 이 드라마의 작가인 中田 喜直가 단 15분 걸려
만들었다고 하는데 드라마의 인기에 편승하여 대 힛트 송이 되었다고 합니다.

일단 힛트 송이 되고 나자 그 가사의 배경이 바로 여기다 라고들 하는 논
란이 이곳 저곳에서 일어 작사가인 中田가 대단히 곤욕을 치렀다는 에피소드
가 남아 있습니다.

28. 五木の子守り唄

이츠키노 고모리 우타

(이츠키의 자장가)

熊本地方 民謡

가 사

おどま	오도마
盆ぎり 盆ぎり	봉기리 봉기리
盆から	봉카라
先や おらんど	사키야 오랑도
盆が 早よ	봉가 하요
来りや	고랴
早よ もどる	하요 모도루

おどま	오도마
勧進 勧進	간징 간징
あん 人達や	안 히토타치야
よか衆	요카시
よかしゃ	요카샤
よか 帯	요카 오비
よか 着物	요카 기몬
あすは	아스와
山こえ	야마코에
どこまで	도코마데
行こか	이코카
鳴くは	나쿠와
裏山	우라야마
せみ ばかり	세미 바카리
おどんが	오동가
打死だちゅて	웃칭다쥬테
誰泣て	다이냐테
くりゅきゃ	구류캬
裏の 松山	우라노 마츠야마
蝉が 鳴く	세미가 나크
蝉じゃ	세미쟈
ごんせぬ	곤세누
妹で ござる	이모토데 고자루

いもと	이모토
泣くなよ	나쿠나요
気に かかる	기니 가카루
おどんが	오동가
打死だば	웃칭다바
道端や	미치바타야
いけろ	이케로
通る	토오루
人ごち	히토고치
花 あぎゅう	하나 아규우
花は	하나와
なんの 花	난노 하나
つんつん つばき	층층 츠바키
水は	미즈와
天から	텡카라
もらい 水	모라이 미즈

🖊 번 역

나는
추석까지 추석까지
추석 이후엔

없다오
추석이 빨리
오면
빨리
집에 가지

나는
가난뱅이 가난뱅이
저 사람들은
부자
부자는
좋은 허리띠
좋은 옷

내일은
산 넘어
어디까지
갈까
우는 것은
뒷산
매미들

내가
길바닥에서 죽는다 해도
누가 울어
줄 것인가

뒤쪽의 솔밭(에서)

매미가 우네

매미가

아닙니다

여동생이랍니다

동생아

우지 마라

마음이 무겁다

내가

길바닥에서 죽으면

길 한쪽에

묻어다오

지나는

사람들

꽃이라도 주게끔

꽃은

무슨 꽃

동 동 동백꽃

물은

하늘에서

내리는 물

단어 · 어휘 · 문법

おどま(오도마) → 熊本県(구마모토켕)의 방언. 〈나는〉

盆ぎり(ぼんぎり。 봉기리) → 盆(추석)＋ぎり(「きり」의 연음화. 한정을 나
　　타내는 부조사. ~뿐 ~만. ~까지) 〈추석까지〉

盆がら(ぼんから。 봉카라) → 盆(추석)＋から(출발・기점을 나타내는 격조
　　사. ~부터) 〈추석부터〉

先や(さきや。 사키야) → 先(앞. 미래)＋や(「は」의 방언. 는) 〈(추석)후에는〉

おらんど(오랑도) →「いない」의 방언. 〈없다〉

早よ(はよ。 하요) →「はやく」의 방언. 〈빨리〉

来りゃ(くりゃ。 구랴) →「来れば」의 방언. 〈오면〉

もどる(戻る。 모도르) → 〈제자리에 돌아가다. 집에 돌아가다〉

勧進(かんじん。 간징) → 〈거지. 거렁뱅이. 가난뱅이〉

あん(안) →「あの」의 방언. 〈저〉

人達や(ひとたちや。 히토타치야) → 人達(사람들)＋や(「は」의 방언. 은)
　　〈사람들은〉

よか衆(よかし。 요카시) →「お金持ち」의 방언. 〈부자들〉

よか帯(よかおび。 요카오비) → よか(「いい」의 방언. 좋은)＋帯(기모노의
　　허리에 두르는 벨트. 허리띠) 〈좋은 허리띠〉

着物(きもん。 기몬) →「きもの」의 방언. 〈기모노(일본의 전통 의상)〉

あすは(明日は。 아스와) → あす(내일)＋は(계조사. 은) 〈내일은〉

山(やま。 야마) → 〈산〉

こえ(越え。 고에) → 원형 越える(こえる。 고에루。 넘다)의 연용형.

〈넘어. 넘어서〉

どこまで(何処まで。 도코마데) → どこ(어디)+まで(범위・한정을 나타내는 부조사. ~까지) 〈어디까지〉

行こか(いこか。 이코카) → 「行こうか」의 줄임말. 〈갈까〉

鳴くは(なくは。 나크와) → 鳴く(새가 울다)+は(계조사. 앞에 「の」가 생략) 〈우는 것은〉

裏山(うらやま。 우라야마) → 〈뒷산(의)〉

蝉ばかり(せみばかり。 세미바카리) →蝉(매미)+ばかり(정도를 나타내는 부조사. ~뿐. ~만) 〈매미뿐〉

打死だちゅて(うっちんだちゅて。 웃칭다쥬테) → 「打死するとしても」의 방언. 〈길바닥에서 죽는다해도〉

誰泣てくりゅきゃ(だいにゃてくりゅきゃ。 다이냐테구류캬) → 「誰が泣いてくれるだろうか」의 방언. 〈누가 울어줄 것인가〉

松山(まつやま。 마츠야마) → 〈소나무산. 솔밭〉

蝉じゃごんせぬ(せみじゃごんせぬ。 세미쟈 곤세누) → 「蝉ではございません」의 방언. 〈매미가 아닙니다〉

妹でござる(いもとでござる。 이모토데 고자르) → 妹(「いもうと」의 줄임말. 여동생)+で(격조사)+ござる(「ございます」의 古語. 입니다. 이옵니다) 〈여동생입니다〉

泣くなよ(なくなよ。 나쿠나요) → 泣く(울다)+な(금지를 뜻하는 종조사) +(종조사) 〈울지 마라〉

気にかかる(きにかかる。 기니가카루) → 気(마음)+に(장소를 나타내는 격조사. 에)+かかる(걸리다) 〈마음에 걸리다. 마음이 무겁다〉

打死だば(うっちんだば。 웃친다바) → 「打死すれば」의 방언. 〈길바닥에서
　죽으면〉

道端ゃいけろ(みちばちゃいけろ。 미치바챠이케로) → 「道端にいけろ」의 방
　언. 〈길 한쪽에 묻어라〉

通る(とおる。 토오르) → (지나가다. 통과하다) 이곳에서는 연체형으로 쓰
　임. 〈지나는〉

人ごち(ひとごち。 히토고치) → 「人たち」의 방언. 〈사람들〉

花(はな。 하나) → 〈꽃〉

あぎゅう(아규우) → 「あげる」의 방언. (올리다. 드리다) 의역하여 〈주게끔〉

なんの(何の。 난노) → 〈무슨〉

つんつんつばき(충충츠바키) → つんつん(음률을 맞추기 위한 가락으로 쓰
　임)＋つばき(동백나무) 〈동백나무〉

水は(みずは。 미즈와) → 水(물)＋は(계조사. 은) 〈물은〉

天から(てんから。 텡카라) → 天(하늘)＋から(출발・기점을 나타내는 격조
　사. ～부터) 〈하늘에서부터〉

もらい水(もらいみず。 무라이 미즈) → もらい(원형 もらう－貰う。 모라
　우。 받다－의 연체형. 받은)＋水(물) 〈받는 물〉

해   설

　이 곡은 九州(큐우슈우)지방에서 전해 내려오는 민요로서 외국에 알려진 일본
민요로도 유명한 곡입니다. 러시아에서 공연할 때에는 특히 인기가 있었다고 하는
데 실은 이 곡이 한일 합작이라는 한 음악 잡지의 기사가 눈길을 끌고 있습니다.

29. うれしいひなまつり

우레시이 히나마츠리

(즐거운 히나마츠리)

サトウハチロー 作詞
河村 光陽 作曲

あかりを つけましょ ぼんぼり に

おはなを あげましょ ももの は な

ごーにん ばやーしの ふえたい こ

きょーうは たのしい ひなまつり

©Kawamura Music Office

あかりを つけましょ	아카리오 츠케마쇼
ぼんぼりに	본보리니

お花を あげましょ	오하나오 아게마쇼
桃の 花	모모노 하나
五人 囃子の	고닝 바야시노
笛 太鼓	후에 타이코
今日は 樂しい	쿄-오와 다노시이
ひなまつり	히나마츠리

お内裏さまと	오다이리사마토
おひなさま	오히나사마
二人 ならんで	후타리 나란데
すまし顔	스마시가오
お嫁に いらした	오요메니 이라시타
姉さまに	아네사마니
よく似た 官女の	요쿠니타 간죠노
白い 顔	시로이 가오

金の 屏風に	킹노 뵤오부니
映る 灯を	우츠르 히오
かすかに ゆする	가스카니 유스르
春の 風	하르노 가제
すこし 白酒	스코시 시로자케
召されたか	메사레타카
赤い お顔の	아카이 오카오노
右大臣	우다이진

着物を 着替えて	기모노오 기가에테

帯しめて	오비시메테
今日は 私も	교-오와 와타시모
晴れ姿	하레스가타
春の 弥生の	하르노 야요이노
この よき日	고노 요키히
何より 嬉しい	나니요리 우레시이
ひなまつり	히나마츠리

번 역

불을 켭시다

등촉에

꽃을 올립시다

복숭아 꽃

다섯 악사의

피리 북

오늘은 즐거운

히나마츠리

임금님과 왕비님

둘이 나란히

점잖은 얼굴

시집 가신

누님과

꼭 닮은 궁녀의

흰 얼굴

금 병풍에

비치는 불빛을

희미하게 흔드는

봄 바람

하얀 술을 좀

드셨는가

붉은 얼굴의

우정승

옷을 갈아 입고

허리띠 졸라매고

오늘은 나도

때때옷

봄 삼월의

이런 좋은 날

무엇보다 기쁜

히나마츠리

단어 · 어휘 · 문법

あかりを(明かりを。 아카리오) → あかり(불)＋を(목적격 조사. 을) 〈불을〉

つけましょ(츠케마쇼) → つけ(원형 つける−츠케르。 키다. 붙이다−의 연

용형)＋ましょ(「ましょう」의 줄임말) 〈꼅시다〉

ぼんぼりに(본보리니) → ぼんぼり(등. 등촉)＋に(격조사. 에) 〈등에. 등촉에〉

お花を(おはなを。 오하나오) → お(미화 접두어)＋花(꽃)＋を(목적격 조사. 을) 〈꽃을〉

あげましょ(挙げましょ。 아게마쇼) → あげ(원형 あげる−挙げる。 아게르. 올리다. 드리다−의 연용형)＋ましょ(「ましょう」의 줄임말) 〈드립시다. 올립시다〉

桃の花(もものはな。 모모노하나) → 桃(복숭아)＋の(격조사. 의)＋花(꽃) 〈복숭아 꽃〉

五人(ごにん。 고닝) → 五(다섯)＋人(사람) 〈다섯(사람)〉

囃子の(はやしの。 하야시노) → 囃子(악기를 연주하는 사람.「五人」과 관련되어「바야시」라고 발음함)＋の(격조사. 의) 〈악사의〉

笛(ふえ。 후에) → 〈피리〉

太鼓(たいこ。 타이코) → 〈북〉

今日は(きょうは。 쿄-오와) → 今日(오늘)＋は(계조사. 은) 〈오늘은〉

樂しい(たのしい。 다노시이) → 〈즐거운〉

ひなまつり(雛祭り。 히나마츠리) → ひな(인형의 이름. 히나)＋まつり(축제) 〈히나 축제. 히나 마츠리〉

お内裏さまと(おだいりさまと。 오다이리사마토) → お(미화 접두어)＋内裏(히나 마츠리에 사용되는 인형, 이곳에서는 남자 인형을 일컬음)＋さま(호칭 등의 뒤에 붙여 존경의 뜻을 나타냄)＋と(병렬형 격조사. 와) 의 역하여 〈임금님과〉

おひなさま(お雛様。 오히나사마) → お(미화 접두어)＋ひな(히나 마츠리에 사용되는 인형. 이곳에서는 여자 인형을 일컬음)＋さま(호칭 등의 뒤에

붙어 존경의 뜻을 나타냄) 의역하여 〈왕비님〉

二人(ふたり。 후타리) → 〈두사람〉

ならんで(並んで。 나란데) → 원형 並ぶ(ならぶ。 나라브。 열을 지음. 나
란히 있다)의 연용형. 〈나란히〉

すまし顔(すましかお。 스마시 가오) → すまし(원형 すます−澄ます。 스
마스。 무언가를 하는 척하다. 점잖을 빼다−의 연체형)+顔(얼굴) 의역
하여 〈점잖은 얼굴〉

お嫁に(およめに。 오요메니) → お(미화 접두어)+嫁(새색시. 며느리)+ に
(격조사) 「お嫁に行く」는 관용어로서 「시집가다」이므로 번역은
〈시집을〉이 됨.

いらした(이라시타) → 「いらっしゃった」의 회화체. 〈가신〉

姉さまに(あねさまに。 아네사마니) → 姉(누나)+さま(호칭 뒤에 붙혀 존경
의 뜻을 나타냄)+に(격조사) 〈누님과〉

よく似た(よくにた。 요크니타) → よく(원형 よい−요크。 너무. 잘−의 연
용형)+ 似た(원형 似る−にる。 니르。 닮다−의 연체형) 〈꼭 닮은〉

官女の(かんじょの。 간죠노) → 官女(궁녀)+の(격조사. 의) 〈궁녀의〉

白い顔(しろいかお。 시로이 가오) → 白い(하얀)+顔(얼굴) 〈하얀 얼굴 흰
얼굴〉

金の(きんの。 킹노) → 金(금)+の(격조사. 의) 〈금의〉

屛風に(びょうぶに。 뵤-브니) → 屛風(병풍)+に(격조사) 〈병풍에〉

映る(うつる。 우츠르) → 〈반사되는. 비치는〉

灯を(ひを。 히오) → 灯(불. 불빛)+を(목적격 조사. 을) 〈불빛을〉

かすかに(微かに。 가스카니) → 〈희미하게〉

ゆする(揺する。 유스르) → 〈흔드는〉

春の風(はるのかぜ。 하르노 가제) → 春(봄)+の(격조사. 의)+風(바람)

〈봄바람〉

すこし(少し。 스코시) → 〈조금. 약간〉

白酒(しろざけ。 시로자케) → 白(하얀 흰)+酒(술) 〈흰 술〉

召されたか(めされたか。 메사레타카) → 召された(원형 召される－めされ
　　る。 메사레르。 드시다. 잡수시다－의 연용형)+か(의문의 종조사. ～
　　는가) 〈드셨는가?〉

赤い(あかい。 아카이) → 〈빨간〉

右大臣(うだいじん。 우다이진) → 〈우정승〉

着物を(きものを。 기모노오) → 着物(보통 일본의 전통 의상을 일컬음.
　　옷)+を (목적격 조사. 을) 〈옷을〉

着替えて(きがえて。 기가에테) → 원형 着替える(きがえる。 기가에르。
　　갈아입다)의 연용형. 〈갈아입고〉

帯(おび。 오비) → 〈허리띠〉

しめて(締めて。 시메테) → 원형 締める(しめる。 시메르。 졸라매다)의 연
　　용형. 〈졸라매고〉

私も(わたしも。 와타시모) → 私(나)+も(계조사. 도) 〈나도〉

晴れ姿(はれすがた。 하레스가타) → 〈깨끗하고 예쁜 옷을 입은 모습. 때때
　　옷 모습〉

弥生の(やよいの。 야요이노) → 弥生(음력 3월의 별칭)+の(격조사. 의)
　　〈3월의〉

このよき日(このよきひ。 고노 요키히) → この(이)+よき(원형 良い－よ
　　い。 요이。 좋다－의 연체형)+日(날) 〈이 좋은 날〉

何より(なにより。 나니요리) → 〈무엇보다〉

嬉しい(うれしい。 우레시이) → 〈기쁜〉

해 설

　5월 5일의 〈고이 노보리〉가 남자아이들을 위한 것임에 비해 3월 3일의 〈히나 마츠리〉는 여자아이를 위한 축제입니다.

　원래는 종이 인형에 의상을 입혀 장식하는 귀족 여성들의 놀이였다고 하는데 서민사이에 점점 퍼지게 되어 여자아이의 성장을 기원하는 축제로 정착하게 되었다고 합니다.

　그 때 장식되는 인형을 〈ひな(히나)〉라고 하며 〈まつり(마츠리)〉는 축제를 의미합니다. 즉 〈히나〉인형이 장식되는 축제라 하여 〈히나 마츠리〉라고 합니다.

　농촌의 커다란 집에서는 〈히나〉인형을 진열해 놓고 마을의 여자아이들을 불러 다과를 대접하고는 합니다.

　〈히나〉인형을 파는 가게도 많은데 대개 20만엥에서 100만엥, 우리나라 돈으로 200만원에서 1000만원이나 하는 고가품 이랍니다. 그러기 때문에 일시적으로 장만할 수 있는 물선이 아니고 일단 사기로 결정했으면 대대로 물려줄 작정을 하고 비싸고 좋은 것을 장만하는 식이 되지요.

　일본을 느낄 수 있는 축제의 하나입니다.

30. あの子はだあれ (쟤는 누구?)

아노코와 다-레

細川 雄太郎 作詞

海沼 実 作曲

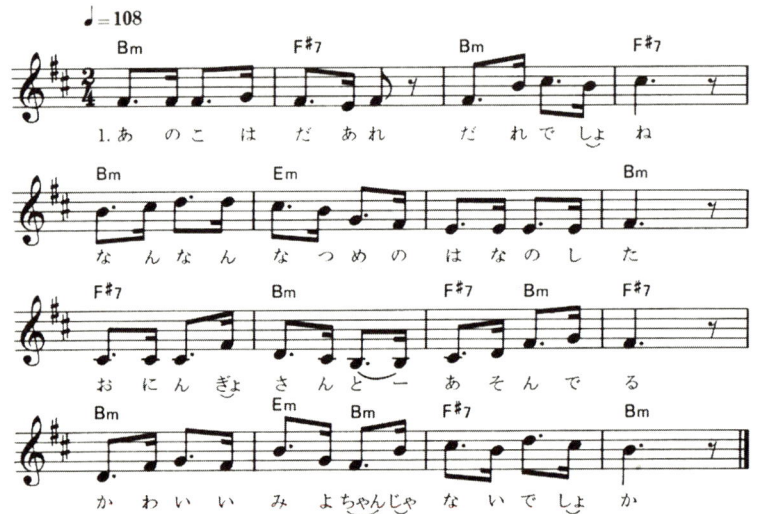

1. あ の こ は だ あれ だ れで しょ ね

なん なん な つめの は なの し た

お にん ぎょ さんと ─ あ そん で る

か わ いい み よ ちゃんじゃ ない でしょ か

가 사

あの子は だあれ	아노코와 다아레
だれでしょね	다레데쇼네
なんなん なつめの	난난 나츠메노
花の 下	하나노 시타

お人形さんと	오닝교-상토
遊んでる	아손데르
かわいい	가와이이
美代ちゃんじゃ	미요챵쟈
ないでしょか	나이데쇼카

あの子は だあれ	아노코와 다아레
だれでしょね	다레데쇼네
こんこん 小やぶの	콩콩 고야브노
細道を	호소미치오
竹馬 ごっこで	다케우마 곳코데
遊んでる	아손데르
隣の	도나리노
健チャンじゃ	겐챵쟈
ないでしょか	나이데쇼카

あの子は だあれ	아노코와 다아레
だれでしょね	다레데쇼네
とんとん 峠の	통통 도오게노
坂道を	사카미치오
ひとりで てくてく	히토리데 데크테크
歩いてる	아르이테르
お寺の	오테라노
小僧さんじゃ	고죠오상쟈
ないでしょか	나이데쇼카

あの子は だあれ	아노코와 다아레
だれでしょね	다레데쇼네
お窓に うつった	오마도니 우츳타
影法師	가게보우시
お外は いつか	오소토와 이츠카
日が くれて	히가 구레테
お空に	오소라니
お月さんの	오츠키상노
笑い顔	와라이 가오

Ｚ 번 역

재는 누구
누구일까요
대 대 대추나무
꽃 아래
인형하고
놀고 있는
귀여운
미요챵이
아닐가요

재는 누구
누구일까요

수 수 수풀에
작은 길을
죽마 놀이하며
놀고 있는
옆 집의
겐챵이
아닐까요

쟤는 누구
누구일까요
고 고 고개의
언덕을
혼자서 터벅 터벅
걷고 있는
절간의
어린 중이
아닐까요

쟤는 누구
누구일까요
창에 비친
그림자
밖은 어느새
저물어지고
하늘에
달님의

웃는 얼굴

단어 · 어휘 · 문법

あの子は(あのこは.　아노코와)　→　あの(저)＋子(아이. 어린이)＋は(계조사.
는) 〈저 아이는. 쟤는〉

だあれ(다아레)　→「だれ(誰)」를 음률적으로 길게 발음하고 있음. 〈누구〉

でしょね(데쇼네)　→「でしょうね」를 짧게 발음한 형태. 〈~일까요?〉

なつめの(棗の.　나츠메노)　→　なつめ(대추나무)＋の(격조사. 의) 〈대추
나무의〉

花の下(はなのした.　하나노 시타)　→　花(꽃)＋の(격조사. 의)＋下(아래)
〈꽃 아래〉

お人形さんと(おにんぎょうさんと.　오닝교-상토)　→　お(미화 접두어)＋人
形 (인형)＋さん(호칭 등의 뒤에 붙혀 존경의 뜻을 나타냄)＋と(병렬형
격조사. 과 하고) 〈인형 하고〉

遊んでる(あそんでる.　아손데르)　→　あそんで(원형 遊ぶ－あそぶ.　아소
브.　놀다－의 연용형. 놀고)＋る(「いる」의 줄임말. 있는) 〈놀고 있는〉

かわいい(可愛い.　가와이이)　→　〈귀여운〉

美代ちゅんじゃ(みよちゃんじゃ.　미요챵쟈)　→　美代(여자아이의 이름. 미
요)＋ちゃん(호칭의 뒤에 붙여 친함을 나타냄. 대개 아이들이나 여자 이름
에 사용)＋じゃ(「では」의 회화체. ~이지는. ~은) 〈미요챵은. 미요챵이〉

ないでしょか(나이데쇼카)　→「ないでしょうか」의 줄임말. 〈아닐까요?〉

小やぶの(こやぶの.　고야브노)　→こやぶ(수풀)＋の(격조사. 의) 〈수풀의〉

細道を(ほそみちを.　호소미치오)　→　細道(좁은 길)＋を(목적격 조사. 을)

〈좁은 길을〉

竹馬ごっこで(たけうまごっこで。 다케우마 곳코데) → 竹馬(죽말)＋ごっこ
(소꿉놀이)＋で(수단 방법을 나타내는 격조사. ~로) 〈죽마 놀이로〉

隣の(となりの。 도나리노) → 隣(옆. 옆집)＋の(격조사. 의) 〈옆집의〉

峠(とうげ。 도우게) → 〈고개〉

坂道を(さかみちを。 사카미치오) → 坂道(비탈길. 언덕)＋を(목적격 조사.
을) 〈언덕을〉

ひとりで(一人で。 히토리데) → ひとり(혼자)＋で(격조사) 〈혼자서〉

てくてく(데크테크) → 〈타박 타박. 터벅 터벅〉

歩いてる(あるいてる。 아르이테르) → 歩いて(원형 歩く-あるく。 아르
크。 걷다-의 연용형)＋る(「いる」의 줄임말) 〈걷고 있는〉

お寺の(おてらの。 오테라노) → お(미화 접두어)＋寺(절)＋の(격조사. 의)
〈절(간)의〉

小僧さん(こぞうさん。 고죠오상) → 小僧(어린 중)＋さん(호칭 뒤에 붙혀
존경의 뜻을 나타냄) 〈어린 중〉

お窓に(おまどに。 오마도니) →お(미화 접두어)＋窓(창)＋に(격조사. 에)
〈창에. 창(가)에〉

うつった(映った。 우춧타) → 원형 映る(うつる。 우츠르。 비추다. 반영되
다)의 연용형. 〈비친〉

影法師(かげぼうし。 가게보-시) → 〈그림자〉

お外は(おそとは。 오소토와) → お(미화 접두어)＋外(밖)＋は(계조사. 은)
〈밖은〉

いつか(이츠카) → 〈어느새. 언젠가〉

日が(ひが。 히가) →日(날)＋が(주격 조사. 이) 〈날이. 해가〉

くれて(暮れて。 구레테) → 원형 くれる(暮れる。 구레르。 저물다. 어둑
　　어둑해지다)의 연용형. 〈저물어〉

お空に(おそらに。 오소라니) →お(미화 접두어)＋空(하늘)＋に(격조사. 에)
　　〈하늘에는. 하늘에〉

お月さんの(おつきさんの。 오츠키상노) → お(미화 접두어)＋月(달)＋さん
　　(호칭 등의 뒤에 붙혀 존경의 뜻을 나타냄)＋の(격조사. 의) 〈달님의〉

笑い顔(わらいかお。 와라이 가오) → 笑い(웃는)＋顔(얼굴) 〈웃는 얼굴〉

해　　설

　　이 곡은 작사가 細川 雄太郎가 초등학교를 마치고 양조회사 점원으로 일할
때, 고향을 떠난 외로움에 사무치며 지은 詩라고 합니다.

　　가사 속에 나오는 〈대추나무〉는 지금도 고향인 자택의 정원에 있어 그것을
배경으로 찍은 사진이 책자에 담겨 있습니다.

　　발표된 1939년 당시에는 그다지 좋은 반응을 얻지 못한 채 흐지부지 되었
다고 합니다만, 1947년 NHK방송을 타면서 대 힛트를 하였습니다.

　　중년 이상의 일본 사람이라면 누구나 마음 속의 노래로서 따라 부르는 노
래가 바로 이 곡이라고 하니 가히 그 인기를 가름할 만 하겠지요?

31. しかられて (야단 맞고서)

시카라레테

清水 かつら 作詞
弘田 龍太郎 作曲

 가 사

しかられて	시카라레테
しかられて	시카라레테

あの子は 町まで　　　아노코와 마치마테
お使いに　　　　　　오츠카이니
この子は 坊やを　　　고노코와 보오야오
ねんねしな　　　　　넨네시나
夕べ さみしい　　　유우베 사미시이
村 はずれ　　　　　무라 하즈레
こんと きつねが　　콩토 기츠네가
なきゃせぬか　　　나캬세누카

しかられて　　　　시카라레테
しかられて　　　　시카라레테
口には 出さねど　　구치니와 다사네도
目に なみだ　　　메니 나미다
二人の お里は　　후타리노 오사토와
あの 山を　　　　아노 야마오
越えて あなたの　고에테 아나타노
花の 村　　　　하나노 무라
ほんに 花見は　　혼니 하나미와
いつの こと　　이츠노 코토

번역

야단맞고서
야단맞고서

재는 읍내로

심부름을

얘는 아가를

재워라

어젯밤 한적한

마을 변두리

콩하고 여우가

울지 않았니

야단맞고서

야단맞고서

말은 안 해도

눈엔 눈물

두 사람의 고향은

저 산을

넘어 그대의

꽃마을

정말 꽃구경은

언제 적 일

단어 · 어휘 · 문법

しかられて (叱られて。 시카라레테) → 원형 叱られる (しかられる。 시카라
레르。 야단 맞다. 꾸중 듣다)의 연용형. 〈야단 맞아서〉

あの子は(あのこは。 아노코와) → あの(저)＋子(아이)＋は(계조사. 는) 〈저
아이는. 쟤는〉

町まで(まちまで。 마치마데) → 町(마을 읍내)＋まで(～까지) 〈마을까지.
읍내에〉

お使いに(おつかいに。 오츠카이니) → お(미화접두어)＋使い(심부름)＋ に
(격조사) 〈심부름을〉

この子は(このこは。 고노코와) → この(이)＋子(아이)＋は(계조사. 는) 〈이
아이는. 얘는〉

坊やを(ぼうやをる 보오야오) → 坊や(남자아이를 다정스럽게 부르는 말)＋
を (목적격 조사. 를) 〈아이를. 아가를〉

ねんねしな(넨네시나) → ねんね(유아어. 잠)＋しな(「してね」의 방언)
〈재워라〉

夕べ(ゆうべ。 유우베) → 〈어제 저녁. 어젯밤〉

さみしい(寂しい。 사미시이) → 〈쓸쓸한. 적적한. 외로운〉

村はずれ(むらはずれ。 무라하즈레) → 村(마을)＋はずれ(떨어진 곳. 저편.
저쪽. 변두리) 〈마을 변두리〉

こんと(콩토) → こん(여우의 울음소리)＋と(하고) 〈콩하고〉

きつねが(기츠네가) → きつね(여우)＋が(주격 조사. 가) 〈여우가〉

なきゃせぬか(나캬세누카) → 「泣かなかったのか」의 방언. 〈울지는 않았
니?〉

口には(くちには。 구치니와) → 口(입)＋に(격조사)＋は(계조사) 〈입에는.
말로는〉

出さねど(ださねど。 다사네도) → 「出さないけれども」의 회화체. 〈내지 않
았지만〉

目に(めに。 메니) → 目(눈)＋に(격조사) 〈눈에(는)〉

なみだ(涙。 나미다) → 〈눈물〉

二人の(ふたりの。 후타리노) → 二人(둘. 두 사람)+の(격조사. 의) 〈둘이의. 두 사람의〉

お里は(おさとは。 오사토와) → お(미화접두어)+里(향리. 고향)+は(계조사. 은) 〈고향은〉

山(やま。 야마) → 〈산〉

越えて(こえて。 고에테) → 원형 越える(こえる。 고에르。 넘다. 넘어 가다)의 연용형. 〈넘어서〉

あなたの(아나타노) → あなた(당신. 그대)+の(격조사. 의) 〈당신의. 그대의〉

花の村(はなのむら。 하나노 무라) → 花(꽃)+の(격조사. 의)+村(마을) 〈꽃마을〉

ほんに(혼니) → 「本当に」의 고풍스러운 말. 주로 여성어. 〈정말로. 참〉

花見(はなみ。 하나미) → 〈꽃구경〉

いつのこと(이츠노코토) → いつ(언제)+の(격조사. 의)+こと(일) 〈언제던가. 언제적이던가〉

해   설

작사가 清水かつら(시미즈 가츠라)는 어린 시절 계모와 함께 살았다고 합니다. 이 곡은 그 시절의 추억이 반영된 것이라고 할 수 있습니다. 계모에게 야단맞고 또 다른 고향, 즉 친어머니를 그리는 서글픈 내용입니다.

32. ゆりかごの歌(요람의 노래)

유리카고노 우타

北原 白秋 作詞

草川 信 作曲

1. ゆりかごの　　うたを　　かなりやが　うたうよ
2. ゆりかごの　　うえに　　びわのみが　ゆれるよ

ね　ん　ね　こー　ね　ん　ね　こ　ね　ん　ね　こ　　よ
ね　ん　ね　こー　ね　ん　ね　こ　ね　ん　ね　こ　　よ

가　　사

ゆりかごの	유리카고노
歌を	우타오
カナリアが	카나리아가
歌うよ	우타우요
ねんねこ	넨네코
ねんねこ	넨네코
ねんねこよ	넨네코요

ゆりかごの	유리카고노
うえに	우에니
枇杷の 実が	비와노 미가
揺れるよ	유레르요
ねんねこ	넨네코
ねんねこ	넨네코
ねんねこよ	넨네코요
ゆりかごの	유리카고노
つなを	츠나오
木ねずみが	기네즈미가
揺するよ	유스르요
ねんねこ	넨네코
ねんねこ	넨네코
ねんねこよ	넨네코요
ゆりかごの	유리카고노
ゆめに	유메니
黄色い 月が	기이로이 츠키가
かかるよ	가카르요
ねんねこ	넨네코
ねんねこ	넨네코
ねんねこよ	넨네코요

번 역

요람의
노래를
카나리아가
불러요
자장 자장 자장

요람의
위에
비와 열매가
흔들려요
자장 자장 자장

요람의
줄을
다람쥐가
흔들어요
자장 자장 자장

요람의
꿈에
노오란 달이
걸려있어요
자장 자장 자장

단어 · 어휘 · 문법

ゆりかごの(揺篭 の。유리카고노) → ゆりかご(요람)＋の(격조사) 〈요람의〉

うたを(歌を。우타오) → うた(노래)＋を(목적격 조사. 를) 〈노래를〉

カナリアが(かなりあが。카나리아가) → カナリア(카나리아)＋が(주격 조사. 가) 〈카나리아가〉

歌うよ(うたうよ。우타우요) → 歌う(노래하다. 노래부르다)＋よ(종조사) 〈노래 불러요. 노래해요〉

ねんねこ(넨네코) → 〈자장〉

うえに(上に。우에니) → うえ(위)＋に(격조사. 에) 〈위에〉

枇杷の実が(びわのみが。비와노 미가) → 枇杷(비파 나무)＋の(격조사. 의)＋ 実(열매)＋が(주격 조사. 가) 〈비와 열매가〉

揺れるよ(ゆれるよ。유레루요) → 揺れる(흔들리다)＋よ(종조사) 〈흔들려요〉

つなを(綱を。츠나오) → つな(줄)＋を(목적격 조사. 을) 〈줄을〉

木ねずみが(きねずみが。기네즈미가) → 木ねずみ(다람쥐)＋が(주격 조사. 가) 〈다람쥐가〉

揺するよ(ゆするよ。유스르요) → 揺する(흔들다)＋よ(종조사) 〈흔들어요〉

ゆめに(夢に。유메니) → ゆめ(꿈)＋に(격조사. 에) 〈꿈에〉

黄色い(きいろい。기이로이) → 〈노란(색)〉

月が(つきが。츠키가) → 月(달)＋が(주격 조사. 이) 〈달이〉

かかる(架る。가카르) → 〈걸리다〉

해   설

작곡가 草川(쿠사카와)는 일본의 다이쇼오 시대(大正 1912년부터 1926년까지)를 대표하는 동요작가입니다. 바이올린 연주자이기도 한 그의 작품으로는 이 곡 외에도 20번에서 소개한 〈夕焼け小焼け(저녁노을)〉이 있습니다. 모두 흐르는 듯한 선율의 아름다운 곡입니다.

33. 七つの子（일곱살 어린이）

나나츠노 코

野口 雨情 作詞
本居 長世 作曲

からす　　　　　　　　　　카라스

なぜ 啼くの　　　　나제 나크노
からすは 山に　　　카라스와 야마니
かわいい　　　　　가와이이
七つの 子が　　　나나츠노 코가
あるからよ　　　　아루카라요
かわいい　　　　　가와이이
かわいいと　　　　가와이이토
からすは 啼くの　　카라스와 나쿠노
かわいい　　　　　가와이이
かわいいと　　　　가와이이토
啼くんだよ　　　　나쿤다요
山の 古巣に　　　야마노 후르스니
いってみて 御覧　　잇테미테 고랑
まるい　　　　　　마르이
目を した　　　　메오 시타
いい子だよ　　　　이이코다요

번역

까마귀
왜 우니
까마귀는 산으로
귀여운
일곱 살 어린이가

있기 때문이란다

귀여워라

귀여워라하고

까마귀는 운단다

귀여워라

귀여워라하고

운단다

산의 옛 둥지에

가보렴

둥그런 눈을 한

귀여운 아이란다

단어 · 어휘 · 문법

からす(烏。 카라스) → 〈까마귀〉

なぜ(나제) → 〈왜〉

啼くの(なくの。 나크노) → 啼く(울다)＋の(의문의 종조사) 〈(왜)우니?〉

山に(やまに。 야마니) → 山(산)＋に(격조사) 〈산에. 산으로〉

かわいい(可愛い。 가와이이) → 〈귀엽다. 귀여운〉

七つの子が(ななつのこが。 나나츠노 코가) → 七つ(일곱살)＋の(격조사.
　의)＋子(아이. 어린이)＋が(주격 조사. 가) 〈일곱살 어린이가〉

あるからよ(아르카라요) → ある(있다)＋から(원인・이유를 나타내는 격조
　사. 때문에)＋よ(종조사) 〈있기 때문이란다〉

古巣に(ふるすに。 후르스니) → 古巣(옛 둥지)＋に(격조사) 〈옛 둥지에〉

いってみて御覧(行って見てごらん。 잇테미테 고랑) → いって(원형 行く－
　　いく。 이크。 가다－의 연용형)＋みて(원형 見る－みる。 미르。 보
　　다－의 연용형)＋御覧(「ごらんなさい」의 줄임말) 〈가보렴〉

丸い(まるい。 마르이) → 〈둥글다. 둥근〉

目をした(めをした。 메오시타) → 目(눈)＋を(목적격 조사. 을)＋した(원형
　　する－스르。 하다－의 연용형) 〈눈을 한〉

いい子だよ(いいこだよ。 이이코다요) → いい(좋은)＋子(아이. 어린이)＋だ
　　(조동사)＋よ(종조사) 의역하여 〈귀여운 아이란다〉

해　　설

　이 곡의 주인공인 〈일곱 살 난 아이〉는 작사가 野口 雨情의 아들 雅夫씨
로, 당시 7살이었던 그는 지금도 향리의 자택에서 딸 가족과 함께 살고 있습
니다.

　평소 아버지의 사랑이 각별하여, 감기는 걸리지 않았는가, 추운 날에는 따
뜻한 솜옷을 입혀라는 등의 자식 위한 안부 편지가 직장 관계로 떨어져 살면
서 끊기지 않았다고 합니다.

　野口 雨情와 작곡가 本居 長世 콤비의 작품은 이 외에도 「십오야 달님」「파
란 눈의 인형」「빨간 구두」등 명작이 있습니다.

34. たなばたさま (칠석님)

다나바타사마

権藤 はなよ 作詞
下総 皖一 作曲

1. ささ の は さ ら さ ら の き
   ば に ゆ れ る お お ほ し さ ま
   き ら き ら きん ぎん すな ご

2. ごし き の た ん ざ く の た
   し が ゆ か い た お お ほ し さ ま
   き ら き ら そ ら か ら み て る

가 사

ささのは	사사노하
さらさら	사라사라
のきばに	노키바니
ゆれる	유레르

- 217 -

お星さま	오호시사마
きらきら	키라키라
きんぎん	킹깅
砂子	스나코
五しきの	고시키노
たんざく	단자크
わたしが	와타시가
かいた	가이타
お星さま	오호시사마
きらきら	키라키라
空から	소라카라
みてる	미테르

번 역

대나무 잎
사각 사각
처마 끝에서
흔들리네
별님
반짝 반짝
금 은
모래알

다섯 구절의

노래 종이

내가

썼다

별님

반짝 반짝

하늘에서

보고 있네

단어 · 어휘 · 문법

ささのは(笹の葉。 사사노하) → ささ(대나무)＋の(격조사. 의)＋は(잎사귀)
　　〈대나무 잎〉

さらさら(사라사라) → 〈바삭 바삭〉

のきばに(軒端に。 노키바니) → のきば(처마 끝)＋に(격조사. 에)〈처마 끝에〉

ゆれる(揺れる。 유레르) → 〈흔들리다〉

お星さま(おほしさま。 오호시사마) → お(미화 접두어)＋星(별)＋さま(호칭
　　등의 뒤에 붙어 존경의 뜻을 나타냄)〈별님〉

きらきら(기라키라) → 〈반짝 반짝〉

きんぎん(金銀。 킹깅) → きん(금)＋ぎん(은)〈금 은〉

砂子(すなこ。 스나코) → 〈모래알〉

五しきの(ごしきの。 고시키노) → 五(다섯)＋しき(귀절. 구)〈다섯 구. 다섯 구절〉

たんざく(短冊。 단자크) → 〈노래(를 적어 넣은) 종이〉

わたしが (私が。 와타시가) → わたし (나) + が (주격 조사. 가) 〈내가〉

かいた (書いた。 가이타) → 원형 書く (かく。 가크。 쓰다)의 과거 연용형.
　〈썼다. 지었다〉

空から (そらから。 소라카라) → 空 (하늘) + から (출발・기점을 나타내는 격
　조사. ~부터) 〈하늘에서〉

みてる (見てる。 미테르) → みて (원형 みる−見る。 미르。 보다−의 연용
　형) + る (「いる」의 줄임말) 〈보고 있다〉

해　설

　우리나라에는 칠월 칠석이 되면 견우와 직녀가 일년만에 만난다고 하는 전설이
있지 않습니까? 일본에도 음녁 칠월 칠일을 「七夕」이라 하여 전국 이곳 저곳에서
행사가 벌어지는데 이러한 행사를 「たなばたさま(다나바타사마)」라고 합니다.

　고장에 따라 방식이 조금씩 다르긴 하지만 대개 직사각형의 종이에 자신의
바램을 적어서 대나무에 매달아 그것을 처마 끝에 놓아둡니다. 이 종이를 「た
んざく(단자크)」라 하며 대나무를 「笹(사사)」라고 하지요.

　일본의 유치원이나 보육원에서는 이 때가 되면 아무것도 쓰여 있지 않은
「단자크」와 잎이 무성한 대나무 줄기를 저녁에 아이들을 데리러 온 엄마들에
게 나누어 줍니다.

　그 날 저녁, 엄마와 아이들은 머리를 맞대고 바램이 무엇인지를 생각해 내
고는 「단자크」에 정성 들여 써넣지요. 그리고 그것을 대나무에 매달고는 아파
트라면 베란다에, 개인 집이라면 문 입구에 걸어 둔답니다.

　일본 사람들은 대개 이러한 풍속들을 게으름 피우지 않고 정성 들여 행하
고 있지요.

35. たきび (모닥불)

다키비

巽 聖歌 作詞
渡辺 茂 作曲

かきねの　　　　　　가키네노
かきねの　　　　　　가키네노
まがり かど　　　　마가리 카도

たきびだ	다키비다
たきびだ	다키비다
おちば たき	오치바 다키
「あたろうか」	「아타로오카」
「あたろうよ」	「아타로오요」
きたかぜ	기타카제
ぴいぷう	피이푸우
ふいて いる	후이테 이르
さざんか	사잔카
さざんか	사잔카
さいた みち	사이타 미치
たきびだ	다키비다
たきびだ	다키비다
おちばたき	오치바다키
「あたろうか」	「아타로오카」
「あたろうよ」	「아타로오요」
しもやけ	시모야케
おててが	오테테가
もう かゆい	모- 가유이
こがらし	고가라시
こがらし	고가라시
さむい みち	사무이 미치
たきびだ	다키비다
たきびだ	다키비다

おちばたき   오치바다키
「あたろうか」   「아타로오카」
「あたろうよ」   「아타로오요」
そうだん   소-당
しながら   시나가라
あるいてく   아르이테크

번역

울타리의
울타리의
모퉁이
모닥불이다
모닥불이다
낙엽 태우기
「불을 쬘까」
「불 쬐요」
북쪽 바람
휴- 휴-
불고 있네

산다화
산다화
피어 있는 길

모닥불이다

모닥불이다

낙엽 태우기

「불을 쬘까」

「불을 쬐요」

동상걸린

손이

벌써 가려워

매서운 바람

매서운 바람

추운 길

모닥불이다

모닥불이다

낙엽 태우기

「불을 쬘까」

「불을 쬐요」

의논

하면서

걸어가네

단어 · 어휘 · 문법

かきねの(垣根の。 가키네노) → かきね(울타리)＋の(격조사. 의) 〈울타리의〉

まがりかど(曲がり角。 마가리 카도) → 〈모퉁이〉

たきびだ(たき火だ。 다키바다) → たきび(모닥불)+だ(조동사. 〜다. 〜이
다)〈모닥불이다〉

おちばたき(落ち葉焚き。 오치바 다키) → おちば(낙엽)+たき(원형 たくー
焚く。 다크。 불을 지피다. 불을 때다. 태우다ー의 연용형. 태우기)〈낙
엽 태우기〉

あたろうか(当ろうか。 아타로오카) → 원형 あたる(当る。 아타르。 쬐다)
의 권유 의문형.〈불을 쬘까〉

あたろうよ(当ろうよ。 아타로오요) → 원형 あたる의 권유형.〈불을 쬐요〉

きたかぜ(北風。 기타카제) → きた(북. 북쪽)+かぜ(바람)〈북쪽 바람〉

ふいている(吹いている。 후이테 이르) → ふいて(원형 ふくー吹く。 후
크。 불다ー의 연용형)+いる(있다)〈불고 있다〉

さざんか(山茶花。 사잔카) → 〈산다화〉

さいたみち(咲いた道。 사이타 미지) → さいた(원형 さくー사크。 피다ー
의 연용형)+みち(길)〈피어있는 길〉

しもやけ(霜焼。 시모야케) → 〈동상(걸린)〉

おててが(お手々が。 오테테가) → お(미화 접두어)+手々(「手」의 어린이
말)+が(주격 조사)〈손이〉

もう(모-) → 〈벌써. 이미〉

かゆい(痒い。 가유이) → 〈가렵다〉

こがらし(木枯らし。 고가라시) → 〈차가운 바람. 매서운 바람〉

さむいみち(寒い道。 사무이 미치) → さむい(춥다. 추운)+みち(길)〈추운 길〉

そうだん(相談。 소-당) → 〈상담. 의논〉

しながら(시나가라) → し(원형 するー스르。 하다ー의 연용형)+ながら(동

작・상태가 공존하는 상태를 나타내는 접속 조사. ～면서) 〈하면서〉

あるいてく(歩いてく。 아르이테크) → あるいて(원형 あるく-歩く。 아르
크。 걷다-의 연용형)+く(「行く」의 줄임말) 〈걸어 간다〉

이 곡에는 재미있는 에피소드가 남아 있습니다.

공겨롭게도 진주만 공격이 시작되던 바로 그 날(1941년 12월 9일) NHK
라디오를 통해서 방송 되었다고 하는데 이 노래를 들은 軍部가 〈모닥불(たき
び)은 적기의 공격 목표가 된다〉 〈낙엽도 귀중한 연료다〉라고 하여 못마땅하
게 생각하였다는 것이 그것입니다.

전쟁이 끝난 1949년, 초등학교 음악 교과서에 부활하였습니다만 이번에는
〈길거리에서 모닥불을 피는 것은 위험하다〉라며 소방서로부터의 주의를 들어
야만 하는 운명에 빠졌습니다.

그 후 교과서에 실린 이 노래에는 반드시 물이 든 바켓츠와 어른이 그려져
있는 그림이 딸리게 되었다고 합니다.

참으로 비운의 노래라고 할 수 있겠지요?

36. 春よ来い (봄이여 오라)

하르요 고이

相馬 御風 作詞
弘田 龍太郎 作曲

 가 사

春や 来い	하르요 고이
早く 来い	하야크 고이
あるき はじめた	아르키 하지메타
みいちゃんが	미이챵가

- 227 -

赤い 鼻緒の	아카이 하나오노
じょじょ はいて	죠죠 하이테
おんもへ	온모에
出たいと	데타이토
待って いる	맛테 이르
春よ 来い	하르요 고이
早く 来い	하야크 고이
おうちの 前の	오우치노 마에노
桃の 木の	모모노 기노
つぼみも みんな	츠보미모 민나
ふくらんで	후크란데
はよ	하요
咲きたいと	사키타이토
待って いる	맛테 이르

번 역

봄이여 오라

빨리 오라

걷기 시작한

미이챵이

빨간 끈의

슬리파 신고

밖에
나가고 싶다고
기다리고 있단다

봄이여 오라
빨리 오라
집 앞에
복숭아나무의
봉우리도 모두
부풀어서
빨리
피고싶다고
기다리고 있단다

단어 · 어휘 · 문법

春よ(はるよ。 하르요) → 春(봄)＋よ(종조사) 〈봄이여〉

来い(こい。 고이) → 원형 来る(くる。 그르。 오다)의 명령형. 〈오너라.
오라〉

あるきはじめた(歩き始めた。 아르키 하지메타) → あるき(원형 あるく－歩
く。 아르크。 걷다－의 연용형. 걷기)＋はじめた(원형 はじめる－始め
る。 하지메르。 시작하다－의 연체형. 시작한) 〈걷기 시작한〉

みいちゃんが(미이챵가) → みい(여자아이의 이름)＋ちゃん(이름 뒤에 붙혀
친함을 나타냄)＋が(주격 조사. 이) 〈미이챵이〉

赤い(あかい。 아카이) → 〈빨갛다. 빨간〉

鼻緒の(はなおの。 하나오노) → 鼻緒(슬리퍼의 엄지발가락에 끼우는 부
분)＋の(격조사. 의) 〈끈의〉

じょじょ(죠죠) → 「ぞうり」의 어린이 말. 〈슬리파〉

はいて(履いて。 하이테) → 원형 はく(履く。 하쿠。 신다)의 연용형. 〈신고〉

おんもへ(온모에) →おんも(「おもて」의 어린이 말)＋へ(방향을 나타내는 격
조사) 〈밖에〉

出たいと(でたいと。 데타이토) → 出(원형 出る-でる。 데르。 나가다-
의 연용형)＋たい(희망・바람을 나타내는 조동사. ～하고 싶다)＋と(격
조사. ～라고) 〈나가고 싶다고〉

待っている(まっている。 맛테이르) → 待って(원형 待つ-まつ。 마츠。
기다리다-의 연용형)＋いる(있다) 〈기다리고 있다〉

おうちの(お家の。 오우치노) → お(미화 접두어)＋うち(집)＋の(격조사.
의) 〈집에〉

前の(まえの。 마에노) → 前(앞)＋の(격조사. 의) 〈앞의〉

桃の木の(もものきの。 모모노 기노) → 桃(복숭아)＋の(격조사. 의)＋木(나
무)＋の (격조사. 의) 〈복숭아 나무의〉

つぼみも(蕾も。 츠보미모) → つぼみ(봉우리)＋も(계조사. 도) 〈봉우리도〉

みんな(민나) → 〈모두〉

ふくらんで(膨らんで。 후크란데) → 원형 ふくらむ(膨らむ。 후크라므。
부풀어 오르다. 팽창하다)의 연용형. 〈부풀어 올라서〉

はよ(하요) → 「はやく」의 줄임말. 〈빨리〉

さきたいと(咲きたいと。 사키타이토) → さき(원형 咲く-さく。 사크。
피다-의 연용형)＋たい(희망・바램을 나타내는 조동사)＋と(격조사. ～
라고) 〈피고 싶다고〉

해   설

1923년 9월 1일, 일본의 수도 토오쿄오를 중심으로 한 関東地方에 미증유의 대 지진이 발생하였습니다. 이 곡은 그보다 빠른 1월에 발표되어 지진으로 가족과 집, 재산을 잃은 많은 사람들에게 〈절망 속에도 희망은 있다〉, 다시 말하여 곧 약동의 봄이 온다는 희망을 불러일으킨 감동의 계기가 되었습니다.

그로부터 75년 후인 1995년 1월 17일, 이번에는 코오베를 중심으로 하는 関西地方에 또 다시 거대한 지진이 몰아쳤습니다. 이 곡은 그 때에도 활약(?)을 하여 실의에 찬 사람들에게 한 줄기 희망을 불러 일으켰습니다.

이 때 이 노래를 부르며 위문을 하였던 가수가 작곡가 弘田 龍太郎의 손자라고 하여 또 다른 감동을 일으켰다고 합니다.

37. もののけ姫(모노노케 공주)

모노노케 히메

宮崎 駿 作詞
久石 譲 作曲

はりつめた ゆみの一 ふるえるつる よ つき
のひかりに ざ わ めく おまえのこ こ ろ
とぎすまされた やいばのうつく しい その きっさきによ
く にた そなたのよこ が お かなしみと い か りに
ひ そ む まこ とのこころ を しる は も りのせ い もの
の けたちだけ もの のけたちだけ 一)

가 사

はりつめた 弓の	하리츠메타 유미노
ふるえる 弦よ	후르에르 츠르요
月の 光に	츠키노 히카리니
ざわめく	자와메크
お前の 心	오마에노 고코로
とぎすまされた	토기스마사레타
刃の 美しい	야이바노 우츠크시-
その きっさきに	소노 깃사키니
よく 似た	요크 니타
そなたの 横顔	소나타노 요코가오
悲しみと	가나시미토
怒りに ひそむ	이카리니 히소무
まことの 心を	마코토노 고코로오
しるは	시르와
森の精	모리노세이
もののけ たちだけ	모노노케 타치다케
もののけ たちだけ	모노노케 타치다케

번 역

얼어붙은 활의

떨리는 줄이여

달빛에

술렁이는

너의 마음

잘 갈아진

칼날의 아름다움

그 칼끝에

너무 닮은

그대의 옆얼굴

슬픔과

분노에 숨겨진

진실한 마음을

아는 것은

숲의 요정

모노노케들 뿐

모노노케들 뿐

단어·어휘·문법

はりつめた(張り詰めた。 하리츠메타) → 원형 はりつめる(張り詰める。 하리츠메르。 긴장하다。 얼어 붙다)의 연체형。 〈얼어 붙은〉

弓の(ゆみの。 유미노) → 弓(활)＋の(격조사. 의) 〈활의〉

ふるえる(震える。 후르에르) → 〈떨다. 떨리는〉

弦よ(つるよ。 츠르요) → 弦(현. 줄)＋よ(종조사) 〈줄이여〉

月の光に(つきのひかりに。　츠키노 히카리니)　→　月(달)＋の(격조사. 의)
　　＋光(빛)＋に(격조사. 에)〈달빛에〉

ざわめく(자와메크)　→　〈술렁이는〉

お前の(おまえの。　오마에노)　→　お(미화 접두어)＋前(너)＋の(격조사. 의)
　　〈너의〉

心(こころ。　고코로)　→　〈마음〉

とぎすまされた(研ぎ澄まされた。　토기스마사레타)　→　とぎすま(원형 とぎ
　　すます－研ぎ澄ます。　토기스마스。　잘 들게 갈다－의 연용형)＋された
　　(원형 される－사레르。　수동형)〈잘 갈려진. 잘 갈린〉

刃(やいば。　야이바)　→　〈칼날〉

美しい(うつくしい。　우츠크시이)　→　〈아름다움〉

その(소노)　→　〈그〉

きっさきに(切っ先に。　깃사키니)　→　きっさき(칼 끝. 날 끝)＋に(격조사)
　　〈날 끝에. 칼 끝에〉

よく(良く。　요크)　▸원형 良い(よい。　요이。　좋다)의 부사형.〈꼭. 잘〉

似た(にた。　니타)　→　원형 似る(にる。　니르。　닮다)의 연체형.〈닮은〉

そなたの(其方の。　소나타노)　→　そなた(그대의 古어)＋の(격조사. 의)
　　〈그대의〉

横顔(よこがお。　요코가오)　→　横(옆)＋顔(얼굴)〈옆얼굴〉

悲しみと(かなしみと。　가나시미토)　→　悲しみ(슬픔)＋と(병렬형 격조사.
　　～과)〈슬픔과〉

怒りに(いかりに。　이카리니)　→　怒り(분노)＋に(격조사. 에)〈분노에〉

ひそむ(潜む。　히소므)　→　〈숨겨진〉

まことの(真の。　마코토노)　→　まこと(진실)＋の(격조사. 의)〈진실의〉

知るは(しるは。　시르와)　→　知る(알다)＋は(「のは」의 「の」가 생략)〈아는
　　것은〉

森(もり。 모리) → 〈숲〉

精(せい。 세이) → 〈정령. 령. 요정〉

もののけたちだけ(物の怪達だけ。 모노노케 타치다케) → もののけ(귀신 원
령)＋たち(복수형. 들)＋だけ(～뿐) 〈모노노케들뿐〉

해   설

　이 노래는 만화 「모노노케 공주」의 주제곡으로, 작사자인 宮崎 駿(미야자
키 하야오)는 미국의 만화가 랠트 디즈니에 버금가는 일본을 대표하는 만화
가입니다.

　「알프스 소녀 하이지」「마녀의 택배」「옆집의 토토로」「바람 계곡의 나우시
카」등등 수많은 명화가 그의 손에 의해 만들어졌습니다.

　그리고 8월에 상연 예정인 「센과 치히로의 神 감추기」의 티켓은 전국의
〈편의점 노송〉에서 예약 판매 중에 있으며 만화 영화로서는 상상을 초월하는
인기를 얻고 있습니다. 특히 초등학교 어린이들은 엄마 아빠를 졸라 티켓 예
약을 해 놓고는 이제나 저제나 상연의 날 만을 손꼽아 기다리고 있는 정도랍
니다.

　宮崎는 주제곡에도 무척 신경을 쓰고 있습니다. 거의 모든 주제곡을 직접
작사하고 작곡은 언제나 久石 讓(히사이시 죠ー)가 담당하고 있답니다. 久石
로 말할 것 같으면 1992년부터 3년 연속으로 일본 아카데미상 최우수 음악
상을 수상하는 등 수 많은 음악상을 수상한 베테랑 작곡가입니다. 이러한 두
사람의 절묘한 콤비로 인해 宮崎의 만화와 주제곡은 명화요 명곡이라는 정평
을 얻고 있지요.

　그 중에서 특히「모노노케 공주」의 주제곡이 화제가 된 이유는 이 노래를

부른 카운타 테너 米良 美一(메라 요시카즈)의 음색 때문이라고 할 수 있습니다.

남성으로서 여성의 음색과 높은 톤을 구사하여 신의 경지에 이르른 발성법을 보이고 있다고 절찬 받고 있는 그는 가곡, 흑인 영가, 고전 음악, 뮤지칼 등 다양한 장르를 소화하고 있습니다.

긴박한 정경과 마음의 팽창을 예리하게 묘사한 시, 아름다운 선률, 얼음속에서 들려 오는 듯 한 한줄기 깨끗한 음색의 절묘한 매치로 인한 명곡의 탄생이라고 할 수 있겠습니다.

- 『日本のこころの歌』西東社版。 1999年 10月
- 『歌をたずねて・愛す唱歌のふるさと』音樂之友社版。1983年
- 『唱歌・童謡ものがたり』岩波書店。 1999年 8月
- 『原典による 近代唱歌集成。誕生・変遷・伝播。』ビクタ・エンタテインメント。 2000年 4月
- 『新版 日本流行歌史』社会思想社。 1997年 8月